読者限定

ことりっぷ co-Trip

角館・盛岡
平泉・花巻・遠野

電子書籍 が
無料ダウンロード
できます♪

JN007510

電子書籍のいいところ
購入した「ことりっぷ」が
いつでも
スマホやタブレットで
持ち運べますよ♪

まずは
ことりっぷアプリを
ダウンロード

詳しくは裏面で

いってきます。

角館・盛岡に行ったら…

さて、なにをしましょうか?

武家屋敷を訪ねたり、
自転車が似合うクラフトの街を散歩したり、
世界文化遺産に浸ってみたり…。

秋田・角館を訪れたら武家屋敷通りへ。古い時代の黒板塀に古都の風情が漂い、散歩しているだけで雅な気分に。乳頭温泉郷や八幡平の秘湯でゆったりもおすすめ。岩手・盛岡は明治、大正期の建物が町並みに溶け込みクラシックな空気が流れます。平泉では中尊寺や毛越寺を訪ねてみて。

角館、武家屋敷通りのシダレザクラにうっとり。黒板塀とのコントラストも美しい。🕊 P.12

check list

- ☐ 静かな時間が流れる武家屋敷へ 🕊 P.16
- ☐ 田沢湖をぐるっとドライブ 🚲 P.34
- ☐ 秘湯ムードあふれる乳頭温泉郷 🕊 P.36
- ☐ 盛岡ノスタルジックさんぽ 🕊 P.48
- ☐ 中津川周辺を自転車さんぽ 🚲 P.50
- ☐ 美しい民芸品に出会いに 🕊 P.52
- ☐ 世界遺産平泉をサイクリング 🚲 P.80
- ☐
- ☐

みちのくの小京都・角館にある風情あふれる武家屋敷を訪ね、静かな時間を過ごしましょう。P.16

角館では、歴史ある蔵をリノベーションした静かな宿に泊まることができます。P.30

風格漂う赤レンガが印象的な「岩手銀行赤レンガ館」。盛岡のシンボル的存在です。🕊 P.48

夏の一夜を華やかに彩る全国花火競技大会「大曲の花火」。その迫力と美しさは感動的。🕊 P.44

角館・盛岡に行ったら…

なにを食べましょうか？

角館のきりたんぽ、平泉の餅料理、
盛岡の盛岡冷麺やじゃじゃ麺。
ひと休みはカフェでどうぞ。

角館では古都の風情あふれる店できりたんぽや創作和食をどうぞ。横手や湯沢の発酵食も気になります。盛岡は盛岡冷麺、じゃじゃ麺、わんこそばが定番。なつかしい雰囲気のカフェや個性的なベーカリーでお楽しみをみつけて。平泉の餅料理もおすすめです。

米麹を使った発酵食文化が根付く秋田県南部で滋味深いメニューを味わいましょう。🕊 P.40

check list

- ☐ 角館で和食をゆっくりと 🕊 P.24
- ☐ 角館の愛されおやつ 🕊 P.28
- ☐ カフェでスローなひととき 🕊 P58
- ☐ 平泉でほっこりごはん 🕊 P.84
- ☐ 遠野のグルメ 🕊 P.100
- ☐

盛岡にはおいしいパン屋がいっぱい。食べてみたい横澤パンの手ごねのパン。🕊 P.60

なにを買いましょうか？

伝統にモダンをプラスした民芸品など
手仕事のあたたかさが伝わる
一生おつきあいできそうな逸品ばかり。

桜の名所・角館は山桜の皮を使った樺細工が有名。桜モチーフのかわいいアイテムも豊富です。クラフトの街として知られる盛岡には、素敵な雑貨店やギャラリーがたくさん。南部鉄器、ホームスパン、浄法寺塗…職人さんのていねいな仕事が伝わる逸品に出会えます。

角館のアート＆クラフト香月では、樺細工や曲げわっぱなど手仕事品に出会えます。🕊 P.21

生もろこしや桜皮羊羹など角館で愛されているおやつをどうぞ。🕊 P.29

箱もかわいらしい光原社の別館・モーリオのくるみクッキー。🕊 P.53

check list

- ☐ 角館ならではのクラフト 🕊 P.20
- ☐ 天然のはちみつ＆スイーツ 🕊 P.35
- ☐ 光原社の美しい民芸品 🕊 P.52
- ☐ 乙女心をくすぐる雑貨 🕊 P.56
- ☐ 平泉の工芸品 🕊 P.88
- ☐

今週末、2泊3日で角館・盛岡・平泉へ

秋田・角館と岩手・盛岡、いにしえの風情が残る北の城下町をおさんぽ。
最終日に世界遺産・平泉に立ち寄るのも楽しみです。
クラフト、カフェ、レトロな町並みをめぐる旅のはじまりです。

1日め

10:00
JR角館駅に到着。
散歩をしながら、
または
レンタサイクルで
武家屋敷通りへ。

武家屋敷通りは
春は桜の名所としても有名

10:15
黒板塀が美しい武家屋敷通りを
のんびり散歩。**武家屋敷「石黒
家」** P.16や**角館歴史村・青柳
家** P.17に立ち寄って。

12:00
桧木内川近くの
**角館甘味茶房
くら吉** P.19へ。
生もろこしや西
明寺栗を使った
どらやきなど和菓
子が並びます。

12:45
ランチは**料亭 稲穂** P.23
で。秋田の旬の素材で作る角
館懐石をどうぞ。

郷土の食材を生かしたオリジナ
ルの料理を

14:15
藤木伝四郎商店
P.20で、角館を代表す
る手仕事の品・樺細
工を自分用にいかが?

15:00
無添加醤油や味噌
の醸造元、**安藤醸造
本店** P.22では、
昔ながらの商家の
雰囲気のなかで買
い物ができます。

15:45
ひと休みは**西宮家
レストラン北蔵**
P.26でカフェタイム。

17:00
今宵の宿、**和のㇺ 角館** P.30は、
蔵をリノベーションした一棟貸し
のホテル。夕食は**旬菜料理 月の栞**
P.24などでどうぞ

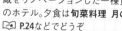

2日め

9:30
和のゐ 角館をチェックアウト。JR角館駅から秋田新幹線で約50分、盛岡駅へ。

11:00

市内の移動は循環バス・でんでんむしの利用が便利です。まずは、クラフトの聖地・**光原社** 🗺 **P.52** へ。

美しいクラフトに出会えます

13:30

街の中心を**中津川** 🗺 **P.50** が流れ、町並みにクラシカルな建造物がなじむのも盛岡の魅力です。

街なかにありながら自然いっぱいの盛岡城跡公園

盛岡冷麺発祥の店、食道園

12:00
ランチは、盛岡生まれの名物麺、盛岡冷麺の**食道園** 🗺 **P.63** でどうぞ。

盛岡の街をぶらりさんぽ

クラムボンの自家焙煎コーヒー

14:30
盛岡にはどこかなつかしいカフェが町のあちこちに。**クラムボン** 🗺 **P.59** に立ち寄って。

16:00

盛岡には素敵な雑貨やクラフトをそろえる雑貨屋がたくさんありますよ。**Holz Furniture and interior** 🗺 **P.56** へ。

hina 🗺 P.55 で扱う刺繍ブローチ

19:00
夜ごはんは🗺**mass ~かまどのある家・酒をよぶ食卓~** 🗺 **P.66** で三陸の魚介と岩手の地酒を味わいませんか。

18:00

盛岡の中心部のホテルにチェックイン。ひと休みしたら夜の街へおでかけ。

20:30
にっか亭 🗺 **P.68** で、ピアノを聴きながらの一杯が素敵です。

3日め

9:00
ホテルをチェックアウトしたら、朝ごはん用にベーカリーに立ち寄って。地元で愛されている**福田パン本店** P.60へ。

その場で具材をサンドしてくれます

JR盛岡駅から東北本線に乗って、平泉へ。

11:30
平泉に到着したら荷物をコインロッカーに預けて、自転車をレンタル P.80。世界文化遺産めぐりへ出発です。

11:40
まずは**毛越寺**へ 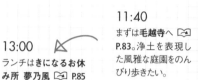 P.83。浄土を表現した風雅な庭園をのんびり歩きたい。

13:00
ランチは**きになるお休み所 夢乃風** 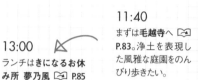 P.85で平泉・一関地方の伝統餅料理を楽しんで。

16:00
おみやげ選びは**翁知屋** P.88で。平泉ならではの秀衡塗をじっくり吟味。

伝統とモダンが融合したデザイン

16:50
KOZENJI Cafe  P.86のジェラートでひと休みしましょう。

14:30
奥州藤原氏が願った浄土思想を伝える**中尊寺**  P.82。黄金に輝く金色堂など見どころがたくさん。

楽しかったまた来ます。

17:30
JR平泉駅から東北本線でJR一ノ関駅へ。新幹線で帰路につきましょう。

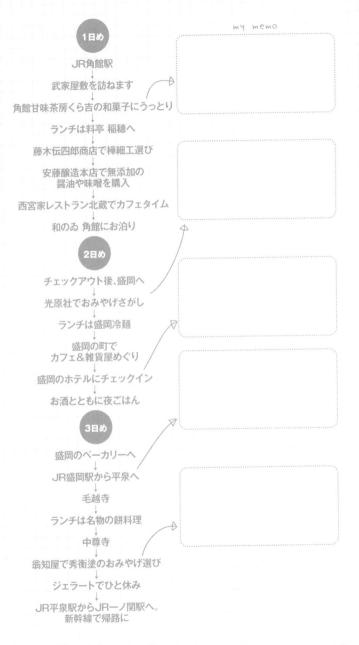

私の旅の
しおり

プランづくりのコツ

1日目は古都・角館をめぐります。黒板塀の武家屋敷通り、樺細工や曲げわっぱなどのクラフト、地元食材を使ったグルメなどを楽しみましょう。
2日目、盛岡駅に到着したら市内はバス＆徒歩で散策を。また、レンタサイクルの利用もおすすめです。
3日目は盛岡からJR東北本線で平泉へ移動。平泉駅近くでレンタサイクルを利用して歴史の町をめぐりましょう。

1日め

JR角館駅

武家屋敷を訪ねます

角館甘味茶房くら吉の和菓子にうっとり

ランチは料亭 稲穂へ

藤木伝四郎商店で樺細工選び

安藤醸造本店で無添加の
醤油や味噌を購入

西宮家レストラン北蔵でカフェタイム

和のゐ 角館にお泊り

2日め

チェックアウト後、盛岡へ

光原社でおみやげさがし

ランチは盛岡冷麺

盛岡の町で
カフェ＆雑貨屋めぐり

盛岡のホテルにチェックイン

お酒とともに夜ごはん

3日め

盛岡のベーカリーへ

JR盛岡駅から平泉へ

毛越寺

ランチは名物の餅料理

中尊寺

翁知屋で秀衡塗のおみやげ選び

ジェラートでひと休み

JR平泉駅からJR一ノ関駅へ。
新幹線で帰路に

my memo

ことりっぷ co-Trip　角館・盛岡　平泉・花巻・遠野

CONTENTS

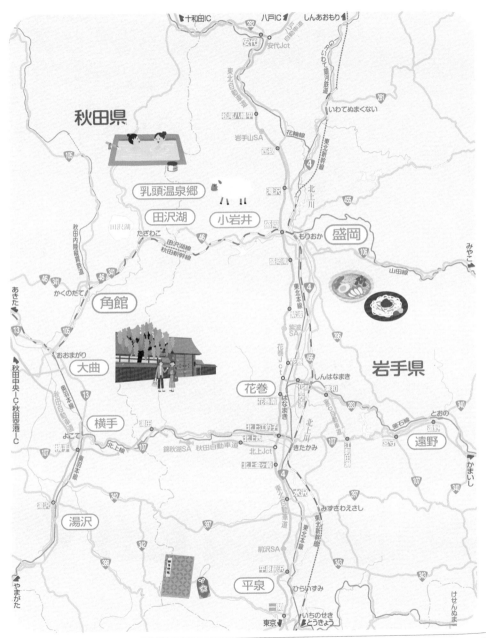

秋田県

乳頭温泉郷

田沢湖　小岩井

角館

大曲

横手

湯沢

岩手県

盛岡

遠野

花巻

平泉

角館の絵になる風景を探して 📷

400年の歴史の面影を伝える黒板塀を覆う、深い木立。
清涼感あふれる緑の香りと、耳に心地よい鳥の声。
角館の町はどこか懐かしい気持ちにさせてくれます。

角館最古の武家屋敷「石黒家」。樹齢300年のモミや古樹が
屋敷を覆う 🔎P16

角館が華やぐ春。シ
ダレザクラと黒板塀
の和の風情が感じら
れます。桜の見頃は4
月中旬～下旬

黒塗りの板塀が重厚な品格を漂わせながら連なる。
樹齢を重ねた木々とのコントラストも美しい

城下町を人力車でめ
ぐるのも乙なもの

A.角館樺細工伝承館のシダレザクラ 🔎P18
B.角館のもうひとつの桜名所・桧木内川堤
C.黒板塀や重厚な門が継ぎ目なく続く武家屋敷通り
D.紅葉に染まる風景も素敵
E.雪景色に包まれた武家屋敷通り

12

角館

春のシダレザクラの時期には、全国から観光客が集まる
桜の名所として有名な角館。
古い町並みに武家屋敷がずらりと軒を連ね、
江戸時代から続く、重厚な雰囲気を今に伝えます。
美術館や資料館など、アートが楽しめる施設もあちこちに。
和食を中心に、郷土の味が楽しめるグルメスポットが多く、
伝統的な桜皮細工をはじめ、素敵な工芸品も豊富です。
気の向くままにゆったり歩いてみれば、
きっと旅心を満足させてくれるはずです。

角館エリアを
さくっと紹介します

黒板塀の武家屋敷通りが残り、古都の雅な雰囲気が漂う角館。
秘湯の乳頭温泉郷、大自然の田沢湖、豪雪地帯ならではの醸造文化や
伝統行事に触れられる横手や湯沢などがある個性豊かなエリアです。

旅の情報を集めましょう

角館旅のはじまりは
仙北市観光情報センター「角館駅前蔵」へ

JR角館駅前にある大きな蔵が観光
案内所になっていて、武家屋敷通り
までのアクセスやグルメ、宿泊情報
などの観光情報が収集できます。手
荷物預かりは1個500円（閉館30分前までに引き取る）。
☎0187-54-2700 🏠仙北市角館町上菅沢394-2 🕘9:00～18:00
（10～3月は～17:30）🈺無休 Ｐなし MAP付録① C-4

周辺エリアの観光案内所

仙北市田沢湖観光情報センター「フォレイク」☎0187-43-2111
大仙市観光情報センター「グランポール」☎0187-86-0888
横手市観光協会　☎0182-33-7111

アクセス概要

角館、田沢湖、大曲は秋田新幹線が停車します。乳頭温
泉郷へはJR田沢湖駅から羽後交通バス、横手・湯沢へ
は、JR大曲駅から奥羽本線に乗り換えアクセスしまし
ょう。また、レンタカーの利用も便利です。

角館・田沢湖は
レンタサイクルの利用もおすすめ

JR角館駅から武家屋敷通りまでは徒歩20分と離れて
いるので、レンタサイクルの利用が便利。また、田沢湖畔に
はサイクリングロードが整備されています。

下田レンタサイクル（魚弘）
JR角館駅からすぐのところにある。1時間1台300円
☎0187-53-2894 🏠仙北市角館町上菅沢401-5
🕘4～11月の早朝～17:00 🈺不定休 Ｐなし MAP① C-4

田沢湖レンタサイクル
田沢湖 共栄パレスに隣接。
☎0187-42-8319 🏠仙北市田沢湖田沢春山148
🕘4月中旬～10月の8:00～17:00 🈺期間中無休 Ｐあり MAP35

武家屋敷が並ぶ
みちのくの小京都

角館
かくのだて　P.16

歴史情緒豊かな城下
町。武家屋敷通りには
藩政時代からの町割り
が残る。

アート作品のような
花火大会が有名

大曲
P.44　おおまがり

創造花火の発祥地。
花火芸術の最高峰
「大曲の花火」を見
てみたい。

発酵文化が根付く
いで湯の里

湯沢
P.40　ゆざわ

地元の発酵食が味わえ
る蔵をリノベーション
したカフェが人気。

小京都・角館を着物姿で散歩
角館は着物が似合う町。外町史料館たてつ内「きもの旅 しゃなり」などでレンタル（要予約）できます。
☎0187-63-6751 [MAP]付録① B-3

大覚野峠
阿仁街道
北秋田市

秋田県
秋田市

上が北
0　　5km
1:600,000

宝仙湖

乳頭温泉郷

雫石町

田沢湖
たざわこ

仙北市

秋田街道
田沢湖線
秋田新幹線

秋田内陸縦貫鉄道

秋田街道

かくのだて
角館

大仙市

おおまがり
大曲

美郷町

岩手県

北上市

西和賀町

ほっとゆだ

横手市

よこて
横手

北上線

錦秋湖SA

じゅうもんじ
増田

湯沢
ゆざわ
湯沢市

羽後町

東成瀬村

焼石岳

奥州市

角館／角館エリアをさくっと紹介します

秘湯でのんびり
乳白色の湯につかる
P.36 **乳頭温泉郷**
にゅうとうおんせんきょう
秋田駒ヶ岳の山麓
に鶴の湯や妙の湯
など7つの湯宿が
点在する。

湖畔を散歩したり
サイクリングしたり
P.34 **田沢湖**
たざわこ
瑠璃色の湖水が神秘
的な田沢湖。周辺には
温泉地もある。

かまくらの光景と
増田の内蔵に感動
P.42 **横手**
よこて
豪雪地帯で「横手のか
まくら」が有名。蔵の
町並み増田地区も訪
ねたい。

田沢湖観光情報センター「フォレイク」では乳頭温泉郷や水沢温泉郷などで使える「たっこちゃん湯めぐり手形」を限定販売。

みちのくの古都・角館で
静かな時間が流れる武家屋敷へ

今も数多くの武家屋敷が現存する小京都、角館。
黒板塀が続く武家屋敷通りのなかでも、
ひときわ風情あふれる石黒家と青柳家を訪ねてみましょう。

1 古樹に包まれ、落ち着いた雰囲気が漂う 2 武家屋敷で唯一、座敷に上がって庭を眺めることができる
3 1892（明治25）年に建造された黒漆喰造りの文庫蔵

角館に現存する最古の武家屋敷

武家屋敷「石黒家」
ぶけやしきいしぐろけ

樹齢約300年のモミやシダレザクラ、ヒバなどの古樹が茂る邸内に、母屋や薬医門などが藩政時代の風情のまま現存する。石黒家は佐竹北家に財務担当として仕えた上級武士で、現在も末裔の家族が生活している。邸内の5分間見所解説も好評。

武家屋敷 📞0187-55-1496 🏠仙北市角館町表町下丁1 🕘9:00～17:00（冬季は～16:00）🚫不定休 💴500円 🅿なし 🚶JR角館駅から徒歩25分 🗺付録① A-2

当時の職人技が光る亀の透かし彫り

香老舗松榮堂のお香を販売。石黒家オリジナルパッケージ1900円（お香40本入り）

代々伝わる書物や武具甲冑類などを展示

黒板塀の武家屋敷通り
角館には江戸時代の町割りが残り、武家屋敷
が並ぶ。武家屋敷通りは国の重要伝統的建造
物群保存地区に選定されています。

角館／静かな時間が流れる武家屋敷へ

草木があふれる邸内で
藩政時代を旅する

角館歴史村・青柳家
かくのだてれきしむらあおやぎけ

堂々とした構えの薬医門が有名な武家屋敷。格式高い茅葺屋根の母屋をはじめ、武具を集めた武器蔵、解体新書記念館、ハイカラ館などがあり、青柳家に代々伝わる資料を展示している。約3000坪もの邸内を四季折々にシダレザクラをはじめ、草花が彩る。

武家屋敷 ☎0187-54-3257 ⌂仙北市角館町表町下丁3 🕐9:00〜17:00（12〜3月は〜16:30）、ハイカラ館は〜16:30（12〜3月は〜16:00）㊡無休 ¥500円 Pなし ‼JR角館駅より徒歩15分 MAP付録①A-2

1約400年の歴史を物語る武家屋敷。藩への功績が認められ特別に許された薬医門
2約200年前に造られた母屋

ハイカラ館の2階にはアンティーク時計や蓄音機、カメラが展示されている

本物の刀を握る体験もできる

ここでしか見られない珍しい青柳八重紅枝垂桜は4月下旬〜5月上旬が見頃

ハイカラ館でカフェタイム ☕

アンティークな雰囲気のなかで、サイフォンで淹れるコーヒーやスイーツがゆっくり楽しめる。

ホットアップルパイ880円と南蛮茶（特選コーヒー）680円

桜が有名な角館。通り沿いから見る桜風景も美しいですが、武家屋敷の庭から眺めるシダレザクラはまた違った風情があります。

ノスタルジックな町並みをぶらり
角館さんぽ

季節ごとに美しい景観が広がる角館では、
歴史に培われた工芸品や手作りお菓子、アートなどが楽しめます。
武家屋敷をめぐりつつ自分好みの店に立ち寄ってみましょう。

イタヤ馬1100円

1 樺細工のサラダボウル(小)4400円、(大)4950円

秋田県唯一の下級武士住宅

樺細工職人の手仕事が間近で見られる

樺細工の茶筒(中)12100円(大)13200円

3 イタヤカエデを使った素朴な工芸品を製作

おにぎり入れ6050円

樺細工 銘々皿2310円、フォーク1540円

武家屋敷をモチーフに現代風にデザインした建物

2 遊びに来てね

秋田犬の武家丸くんが看板犬。ストレス軽減のためふれあいは購入者に限定

桜キャンドルキューブ2340円、ミニ690円

楢岡焼納豆鉢(小)2310円。

ドレッシングを入れてもよさそう

武家屋敷通り沿いにある

1
角館の伝統工芸品が一堂に

角館樺細工伝承館
かくのだてかばざいくでんしょうかん

伝統の樺細工を紹介する施設で、熟練の職人の樺細工製作風景が見学できる。樺細工だけでなく、角館の工芸、文化、歴史についても展示。売店では角館のクラフトもそろう。

資料館 ☎0187-54-1700 ㊐仙北市角館町表町下丁10-1 ⏰9:00～16:30(12～3月は～16:00) ㊡無休 ¥300円 Ｐなし ‼JR角館駅から徒歩20分 MAP付録① A-2

2
桜アイテムと、秋田クラフトと

角館さとくガーデン
かくのだてさとくガーデン

樺細工や曲げわっぱ、楢岡焼など秋田の伝統工芸品を扱うセレクトショップ。暮らしに溶け込むモダンなデザインのものが多い。角館をイメージするオリジナルの桜グッズも並ぶ。

工芸品 ☎0187-53-2230 ㊐仙北市角館町東勝楽丁26 ⏰9:00～17:00(繁忙期は～18:00) ㊡無休 Ｐあり ‼JR角館駅から徒歩15分 MAP付録① A-2

3
武家屋敷でイタヤ細工の見学

旧松本家
きゅうまつもとけ

武家屋敷が並ぶ通りから少し離れた小路にある、柴垣で囲まれた素朴な武家屋敷。軒先では約200年続くイタヤ細工の実演販売も行われていて、職人の手さばきを近くから見学できる。

歴史的建造物 ☎0187-43-3384(仙北市観光文化スポーツ部文化課) ㊐仙北市角館町小人町4 ⏰4月中旬～11月初旬、9:00～16:00 ㊡期間中不定休 ¥見学無料 Ｐなし ‼JR角館駅から徒歩20分 MAP付録① A-2

人力車で町めぐり

武家屋敷散策におすすめなのが人力車。車夫は角館観光に精通していて、ガイドを聞きながら楽しくめぐれる。乗り場は樺細工伝承館前。

4
明治期の大火をまぬがれた主屋

❶桜の名所、桧木内川近くにある ❷職人が手作りした菓子を販売する名店

6
回廊が素敵な洋風建物

写実的な画風で知られる平福父子の作品をじっくり鑑賞

5
善兵衛栗が入った善兵衛栗どら焼 270円

ロどけがよくほのかな甘さが広がります

生あんもろこし(4個入)540円。小豆や善兵衛栗のほか、季節限定商品もある(写真はイメージ)

— 4 —

木々の緑に包まれた武家屋敷

岩橋家
いわはしけ

江戸末期に主屋を改修、明治期に屋根を茅葺きから現在の木羽葺きに葺き替えた。藩政期の姿を今に残し、中級武士の典型的な家屋として、間取りがそのままの形で保存されている。

歴史的建造物 ☎0187-43-3384(仙北市観光文化スポーツ部文化財課) 🏠仙北市角館町東勝楽丁3-1 ⏰4月中旬～11月下旬、9:00～17:00 🈳期間中無休 ¥見学無料 Pなし 🚉JR角館駅から徒歩15分 MAP付録① B-2

— 5 —

小京都の風情感じる銘菓の数々

角館甘味茶房くら吉
かくのだてかんみさぼうくらきち

秋田銘菓の「もろこし」をアレンジした生あんもろこしや、仙北市の特産品「西明寺栗」を使った善兵衛栗栗どら焼など、秋田の食材を取り入れた甘味を販売する人気菓子処。

和菓子 ☎0187-52-0505 🏠仙北市角館町小人町38-25 ⏰8:30～17:00(12月～3月は9:00～) 🈳不定休 Pあり 🚉JR角館駅から徒歩15分 MAP付録① A-2

— 6 —

日本画の流麗な世界にふれる

仙北市立角館町
平福記念美術館
せんぼくしりつかくのだてまちひらふくきねんびじゅつかん

角館町出身の日本画家・平福穂庵・百穂父子をはじめ、その門下生や郷土画人などの作品を中心に展示紹介する美術館。常設展のほか、年に5、6回の企画展示も行っている。

美術館 ☎0187-54-3888 🏠仙北市角館町表町上丁4-4 ⏰9:00～16:30(12～3月は～16:00) 🈳月曜 ¥500円 Pあり 🚉JR角館駅から徒歩25分 MAP付録① A-1

仙北市特産の西明寺栗の「西明寺一号」という品種は、稀少かつ大粒で味が良いとされ「善兵衛栗」と呼ばれています。

日々の暮らしを豊かにする 角館のクラフト

山桜の樹皮を使った樺細工をはじめ、
大館の曲げわっぱ、湯沢の川連漆器など、県内のクラフトがそろう角館。
最近では、モダンなデザインの伝統工芸品も注目を集めています。

藤木伝四郎オリジナルの茶筒
シリーズ「輪筒」。桜皮、くるみ、さ
くら、かえでの外筒を輪切りにし、
組み替えて制作。16500円〜

江戸期の蔵に樺細工が美しく並ぶ
藤木伝四郎商店
ふじきでんしろうしょうてん

1851（嘉永4）年に創業された樺細
工の老舗。伝統的な樺細工を作り続
けるとともに、デザイン性の高いオリ
ジナル作品にも積極的に取り組んで
いる。「輪筒」や「帯筒」といった茶
筒シリーズ、普段使いにぴったりの
「相板」や「素箱」など、シンプルで
使いやすい製品が多い。

相板・ランチョン
マット無地皮
10450円

素箱長手盆無地皮8250円
素箱角盆無地皮11000円

葉枝おき
無地皮・くるみ・さくら・
かえで　各1100円

江戸時代末期に建てられ
た蔵を店舗に改装。商品
を照らす真っ白な照明と黒
光りする梁や床が絶妙な
コントラストを描く

工芸品 ☎0187-54-1151 ⌂仙北市角館町
下新町45 ⏰10:00～17:00 休水曜 Pあり
🚶JR角館駅から徒歩15分 MAP付録① B-4

江戸時代に開窯された白岩焼

秋田最古の窯元として約240年前に誕生。一度姿を消したが1975(昭和50)年に復活。現在「和兵衛窯」が白岩焼の窯元として作陶している。

角館／角館のクラフト

樺細工の新たなアクセサリーとして象嵌で作られたKAVERSブローチ3300円〜

北東北の工芸品を一堂に
アート＆クラフト香月
アートアンドクラフトかづき

樺細工の製造元である冨岡商店が手がけるクラフトショップ。樺細工のほか、秋田杉のテーブルウェアや山ぶどうのかごなど、さまざまな手仕事の品が並ぶ。秋田はもとより、青森や岩手など北東北の作家や職人から商品を仕入れ、伝統工芸品の魅力を伝えている。

[工芸品] ☎0187-54-1565 ⛩仙北市角館町東勝楽丁2-2 🕘9:00〜17:00 ㉕不定休 🅿あり ‼JR角館駅から徒歩20分 [MAP]付録 ① B-2

癒やしほうき「なでねこ」27500円

小型ペット用の南部箒。毛艶がよくなると評判

手づくりの山ぶどうのかご93500円

曲げわっぱのお弁当箱二段16500円。天然素材で1点1点風合いが異なるのも魅力

仙北市立角館町 平福記念美術館 ☞P.19のロビーには、「奇跡のピアノ」と呼ばれる全面樺細工のグランドピアノがあります。

角館の蔵の町で出会った
すてきな場所、おいしいもの

レトロな蔵や屋敷を利用したお店が並ぶ商人の町、外町へ。
醤油・味噌の醸造元の老舗や角館懐石の料亭など、
角館らしさが感じられる名店を訪ねてみましょう。

昔ながらの商家の雰囲気のなかで買い物ができる

創業170年の味噌・
醤油醸造元

東北現存最古のレンガ造
りの蔵座敷があり、無料
で見学できる

明治時代中期に建造され
たレンガ蔵

レンガ蔵が印象的な
味噌、醤油の醸造元

安藤醸造本店
あんどうじょうぞうほんてん

1853（嘉永6）年創業の味噌・醤油
の醸造元。明治時代に建てられた母屋
やレンガ蔵、文庫蔵が現存。無添加、天
然醸造の味噌や醤油、漬け物などを選
びながら、文化財の見学もできる。文
庫蔵は休憩スペースとして開放。

醤油・味噌店　☎0187-53-2008　🏠仙北市角
館町下新町27　🕘8:30〜17:00　休無休　Pあ
り　‼JR角館駅より徒歩15分　MAP付録① B-4

米麹と水だけで造ら
れたあまざけ1037円。
自然のあまさが心地
いい

みそマルシェ(300g)
475円。まろやかで、
ほどよく酸味があ
るので野菜とよく
合う

イワナのしょっつる
入りのしろだし(360
㎖)799円と御用袋
(小)814円

角館の商人町、外町

角館中心部にある"火除け"と呼ばれる広場から南側が外町と呼ばれています。外町は商家などの町並みが続き、歴史を感じさせられます。

大正ロマンの風情あふれる旧家の屋敷

明治中期に建造された母屋

レストラン北蔵で味わえるお狩場焼き1400円 ⓒP.26

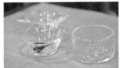
立町商店会に面する米蔵

桜小鉢2750円など。秋田出身のガラス作家による桜シリーズ

あきた角館西宮家
あきたかくのだてにしのみやけ

敷地内には明治後期から大正時代に建てられた5棟の蔵と母屋があり、大正ロマンを伝えている。米蔵は秋田の工芸品や和小物が並び、北蔵は地産地消の料理が味わえるレストラン。文庫蔵では古文書などを公開。

工芸品・レストラン ☎0187-52-2438 🏠仙北市角館町田町上丁11-1 🕐10:00～17:00 🈺火曜他不定休あり Ⓟあり 🚃JR角館駅より徒歩10分 MAP 付録① B-4

庭を眺めながら角館懐石を

昼の角館懐石3630円。桜の葉っぱ稲庭うどんや、角館でよく食されるいぶりがっこ、寒天などを使った創作性あふれる料理が並ぶ

2階建てで、個室と広間がある。食堂いなほ⬅P.24を併設

秋田こまちのたんぼに自家製の玉味噌をつけていただく秋田名物きりたんぽ田楽

落ち着いた雰囲気の個室があり、ゆっくり食事できる

料亭 稲穂
りょうていいなほ

生産者の顔が見える地元の旬素材と、無添加の調味料を使い伝統に工夫を凝らした角館懐石が味わえる。中庭を眺める雰囲気や、樺細工や楢岡焼など角館や周辺地域のクラフトを取り入れた器もすてき。

料亭 ☎0187-54-3311 🏠仙北市角館町田町上丁4-1 🕐11:00～13:30、17:00～21:00（前日まで要予約） 🈺不定休 Ⓟあり 🚃JR角館駅より徒歩7分 MAP 付録① B-3

安藤醸造本店の店前には醤油の仕込み水に使われている井戸水が湧いていて飲むことができます。

古都の香りただよう和食の店で
ゆっくりと、いただきます

江戸から大正の時代まで、古きよき日本が残る
みちのくの小京都・角館でいただく食事は、
やっぱり和の料理が似合います。

1リピーターも多い「比内地鶏きりたんぽ膳」。きりたんぽ鍋だけでなく稲庭う
どんも味わえるお得なセットメニュー 2座敷でくつろげる2階席もある

秋田のおいしさが詰まったきりたんぽ鍋

旬菜料理 月の栞
しゅんさいりょうりつきのしおり

手作りのきりたんぽや比内
地鶏のだしを使った、秋田
ならではの料理が堪能でき
る。比内地鶏つくねや焼鳥
などは秋田の銘酒と一緒に
味わいたい一品。座敷もあ
る家庭的な雰囲気の店で、
くつろぎながら食事を。

和食 ☎0187-53-2880 ⌂仙北市角館町横町21 ⏰11:00～15:00、
17:00～20:00 休火曜 Pなし ‼JR角館駅から徒歩15分 MAP付録① A-3

お品書き

比内地鶏きりたんぽ御膳
2090円

比内地鶏すき焼き膳
2750円

稲庭うどん（冷・温）990円

角館の名店「稲穂」の味をリーズナブルに楽しめる

食堂いなほ
しょくどういなほ

秋田の郷土料理をそろえた
角館の名物料亭「稲穂」の
姉妹店。地元食材をなるべ
く使い、無添加の調理にこ
だわった料理は、地元でも
評価が高い。彩り鮮やかな
「がっこ懐石」や比内地鶏
の親子丼などがおすすめ。

和食 ☎0187-54-3311 ⌂仙北市角館町田町上丁4-1 ⏰11:00～
14:30 休木曜 Pあり ‼JR角館駅から徒歩7分 MAP付録① B-3

お品書き

がっこ懐石 1650円
比内地鶏稲穂風親子丼
990円
角館風稲庭うどん 1100円

1入り口には昔のがっこ桶が置かれている 2秋田名物のがっこをアレンジした
オリジナル料理といぶりがっこ丼、きりたんぽのお椀がセットになったがっこ懐石

角館／古都の香りただよう和食の店

そばの実を自家栽培
こだわりの手打ち地そば

そばきり長助
そばきりちょうすけ

農家を営むご主人が近隣の山間部で育てたそばの実を、みずから製粉して手打ちした香りの良い自家製地そばが食べられる。赤い花が咲く品種「高嶺ルビー（たかね）」も自家栽培しており、季節・数量限定で提供している。

↑十割蕎麦 二色もり1100円
↓武家屋敷通りの一本隣にある

お品書き
十割あかそば 880円
十割えび天そば 1250円

そば ☎0187-55-1722 ⌂仙北市角館町小人町28-5 ⏰11:00～15:00（冬季は11:30～14:00） 休火曜 Pあり ‼JR角館駅から徒歩20分 MAP付録① A-3

八代目佐藤養助の
稲庭うどんの専門店

お食事処 ふきや
おしょくじどころふきや

角館で唯一、名店・八代目佐藤養助の稲庭うどんが食べられる店。名物だし巻き玉子のセットメニューやあきたこまち100％のおにぎりもおすすめ。店内には稲庭うどんをはじめとした、土産コーナーも充実している。

↑稲庭冷やしうどんセット1250円
↓土産コーナーもある店内

お品書き
稲庭冷やしうどん 900円
稲庭温うどん 1000円

和食 ☎0187-55-1414 ⌂仙北市角館町小人町28 ⏰10:30～（閉店時間は時期により異なる） 休無休 Pあり ‼JR角館駅から徒歩20分 MAP付録① A-3

秋田のうまいものを
武家屋敷通りでいただく

お食事処 桜の里
おしょくじどころさくらのさと

稲庭うどんや比内地鶏をメインに、秋田の名物料理が食べられるお店。自慢の稲庭うどんは、自家製のごまだれでいただくのが人気。元祖比内地鶏親子丼は、卵が3個も入ってとろとろの仕上がりに。

↑稲庭うどん比内地鶏親子丼セット1800円
↓店内ではおみやげの販売もしている

お品書き
稲庭冷やし二味うどん 1150円
稲庭冷やし胡麻ダレうどん 1100円
比内地鶏手羽いかだ串 300円

和食 ☎0187-54-2527 ⌂仙北市角館町東勝楽丁9 ⏰11:00～16:00 休4～11月は無休、12～3月は不定休 Pあり ‼JR角館駅から徒歩15分 MAP付録① B-3

稲庭うどんやきりたんぽはおみやげに買うこともできます。自宅でも秋田の味を試してみましょう。

ひと休みやお昼ごはんにどうぞ おだやかな時間が流れるカフェ

ゆったり時間が流れる角館の町のなか。
そのおだやかな時間をのんびりと楽しむ素敵なカフェをご紹介。
コーヒーやスイーツとともにホッとひと息つきましょう。

テラス席から角館の景色を眺めたい

櫻丸珈琲 さくらまるこーひー

木のぬくもりを感じさせる店内では、トラジャコーヒーやスイーツが楽しめる。角館では珍しいオープンテラス席があるので、小京都の風情を眺めながら休憩できる。ドリンクはテイクアウトも可能。

📞0187-49-7339 🏠仙北市角館町歩行町24-1 🕐4月中旬〜11月下旬、10:00〜17:00 ㊡不定休 🅿あり 🚃JR角館駅から徒歩20分 MAP付録① A-2

1木を基調にしたくつろぎの空間 **2**ペットもOKのテラス席 **3**レトロアメリカンな雰囲気が魅力的 **4**フォンダンショコラ500円

1人気のケーキを味わいながらコーヒーブレイク。ケーキセット680円〜 **2**窓際の席で中庭の景色を楽しみながらカフェタイムを **3**角館名物お狩場焼き1400円 **4**カフェとして利用する人も多い

**古い蔵でいただく
洋食&カフェメニュー**

西宮家レストラン北蔵 にしのみやけレストランきたぐら

江戸時代は武家、その後地主として繁栄した西宮家（→P.23）の大正時代に建造された蔵を利用したレストラン。メニューは角館産の低農薬米と地場産の新鮮野菜で作る洋風郷土料理がメイン。喫茶利用もできる。

📞0187-52-2438（あきた角館西宮家）🏠仙北市角館町田町上丁11-1 🕐10:00〜16:00（食事は11:00〜）㊡不定休 🅿あり 🚃JR角館駅から徒歩10分 MAP付録① B-4

桜並木が一望できる喫茶店

プチ・フレーズ

桜並木で有名な桧木内川沿いの店。1階が洋菓子店、2階が喫茶店になっていて、春には満開の桜を眺めながら食事を楽しめる。西明寺栗を丹念にペーストしたモンブランのケーキセットや、比内鳥卵のオムライスが人気。

♪0187-54-1997 🏠仙北市角館町大風呂2 ⏰9:00～19:00 🈚無休（水曜は食事のみ休み）🅿6台 🍴JR角館駅から徒歩15分 MAP付録① A-3

1春にはソメイヨシノが見渡せる 2西明寺栗モンブランケーキセット990円 3蔵造りの外観 4比内鳥卵オムライス（サラダ・ドリンク付き）1485円

1クラッシュアーモンドがアクセントのクリームチーズケーキセット690円 2黒豆と寒天790円。寒天は季節ごとに変わる 3ウッディなテーブル席 4絵本に出てくるおうちのようなかわいらしい外観

駅近の喫茶店で手作りスイーツを

びすけっと

角館駅近くに44年も続く喫茶店。手づくりのクリームチーズケーキは、濃厚ながらすっきりとしたあと味で、コーヒーとも紅茶ともよく合う。店内には店主が集めた登山アイテムやクラフト雑貨が飾られている。

♪0187-54-3233 🏠仙北市角館町水ノ目沢10-10 ⏰10:00～18:30（冬期は～18:00）🈺第1・3日曜不定休 🅿あり 🍴JR角館駅から徒歩4分 MAP付録① C-4

西宮家レストラン北蔵がある武家屋敷の西宮家（MAP P.23）では、歴史ある蔵と母屋を見学することができます。

地元の人たちに愛されている
角館のおやついろいろ

武家屋敷散策の合間に、スイーツでひと休み。
生もろこしやなると餅など、地元の人が愛する
角館のお菓子たちをいろいろと楽しんでみましょう。

とろ～り滑らか食感の
やわらかプリン

プリン各種 430円～
定番のなめらかプリンのほか、季節限定プリンを加え5種類ほどが店頭に並ぶ。

みちのく 懐かしの味 あきたプリン亭
みちのくなつかしのあじあきたプリンてい

国産の生クリームや牛乳を使っていて滑らかな食感が特徴。マダガスカル産の天然バニラビーンズを加え、レトロな形の瓶に詰めている。

スイーツ ♪0187-49-6233 🏠仙北市角館町横町16 ⏰10:00～17:00 🈺不定休 🅿あり ‼JR角館駅から徒歩15分 MAP付録① B-3

イートイン不可
テイクアウトOK

青果店が作った
果実たっぷりのスイーツ

いちごだらけパフェ 600円
旬のイチゴをたくさん使ってタワーのように仕上げた、ボリュームたっぷりのパフェ。

フルーツパーラー 角館 さかい屋
フルーツパーラーかくのだてさかいや

JR角館駅に近い青果店に併設するフルーツパーラー。季節ごとに旬の果実をふんだんに使ったスイーツを、リーズナブルに味わえる。

フルーツパーラー ♪0187-54-2367 🏠仙北市角館町中菅沢92-81 ⏰9:30～17:00（日曜は10:00～16:30）🈺不定休 🅿あり ‼JR角館駅から徒歩3分 MAP付録① C-4

イートインOK
テイクアウト不可

武家屋敷通りを眺めつつ
町の茶屋でほっと一息

ごまソフトクリーム 350円
ごまの風味の濃厚さに定評がある人気メニュー。ほかにバニラや抹茶、季節商品もあり。

武家屋敷の茶屋
ぶけやしきのちゃや

江戸情緒あふれる武家屋敷通り沿いにある茶屋。季節限定の味が楽しめるソフトクリームは、テイクアウトもできる。おみやげ品も豊富。

茶屋 ♪0187-53-2703 🏠仙北市角館町表町下丁14-1 ⏰4～11月下旬、9:00～17:00 🈺期間中無休 🅿なし ‼JR角館駅から徒歩20分 MAP付録① A-2

イートインOK
テイクアウトOK

角館の名物お菓子
生もろこしの懐かしい味

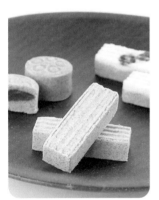

生もろこし三種詰合せ（2個10包入り）1080円
乾燥させず焼き目も入れないで、炒り小豆の風味を残した生タイプのもろこし。

唐土庵 角館駅前店
もろこしあんかくのだてえきまえてん

小豆粉を型に入れて焼いた秋田の伝統菓子もろこしを焼かずに仕上げる生もろこしをはじめ、さまざまなタイプのもろこしを取りそろえている。

和菓子 ☎0120-17-6654 ⌂仙北市角館町上菅沢402-3 🕘9:00～18:00 休無休 Ｐあり 🚃JR角館駅からすぐ MAP付録① C-4
イートイン不可
テイクアウトOK

桜のカタチをした
祝い事に食べるお餅

なると餅、えびす餅 1個各80円
なると餅はもち米を大中小の3サイズに砕いて蒸し、歯ごたえに変化を出している。

熊谷なると餅店
くまがいなるともちてん

蒸したもち米で練りあんを包み、桜のかたちに仕上げたなると餅と、もち米に黒砂糖をまぶして練ったえびす餅は、どちらも角館の伝統菓子。

餅 📞0187-53-2829 ⌂仙北市角館町中菅沢92-14 🕕6:00～17:00 休無休 Ｐあり 🚃JR角館駅から徒歩5分 MAP付録① C-4
イートイン不可
テイクアウトOK

ここでしか出会えない
珍しい和菓子の数々

桜皮羊羹 290円
羊羹を丸い筒から押し出し、糸で切って食べる。抹茶入りの茶柱羊羹290円もある。

後藤福進堂
ごとうふくしんどう

創業から130年を超える老舗和菓子舗。桜皮羊羹や金柑まんじゅう（1個140円）など、創意工夫がなされたヒット商品が多彩に並ぶ。

和菓子 🎵0187-53-2310 ⌂仙北市角館町東勝楽丁12-2 🕘9:00～18:00 休月曜 Ｐあり 🚃JR角館駅から徒歩15分 MAP付録① B-3
イートイン不可
テイクアウトOK

やさしい甘さと、歯ごたえにこだわった角館のスイーツって、ちょっぴり大人の感じがします。

体も心も癒やされる
しっとり雅な角館の宿

みちのくの小京都の趣のなか、心地よい空間で過ごす幸せ。
昔ながらの蔵をリノベーションした和モダンの宿で、
町歩きの疲れをゆっくり癒やしましょう。

1 古い時代にタイムスリップしたような武士蔵のリビングルーム 2 反物蔵のリビングルーム 3 100年以上前の蔵をリノベーションした武士蔵 4 ガッコ蔵の2階にあるベッドルーム。漬け物の道具をモチーフにしたインテリアがユニーク

秋田の文化が感じられる一棟貸しの蔵宿

和のゐ 角館 わのいかくのだて

角館の歴史ある蔵をリノベーション。昔の生活空間の雰囲気と、現代的な利便性がマッチした一棟貸しのホテル。武士蔵、ガッコ蔵、反物蔵の3棟があり、扉を開けた瞬間、別世界が広がっている。

♪0187-53-2774 ♠仙北市角館町田町上丁11-1（西宮家武士蔵、ガッコ蔵）・仙北市角館町横町15（反物蔵）⏰IN15:00 OUT 10:00 🏠3棟 ¥1棟36000円〜 🅿あり ‼JR角館駅より徒歩10〜15分（送迎あり、要予約）
MAP 付録① B-4

宿泊プラン
朝食付古民家ステイ・スタンダードプラン（ガッコ蔵）
1泊朝食付18500円〜〈宿泊は2名〜〉
漬け物の貯蔵をモチーフにしたインテリアのガッコ蔵に宿泊する朝食付プラン。

朝食は角館豆腐やじゅん菜など秋田の食材を使った和食が各蔵に届けられる

角館駅近くに泊まるなら
ホテルフォルクローロ角館 MAP 付録① C-4は
JR角館駅に隣接したホテル。秋田名物が味わ
えるレストランもあります。☎0187-53-2070

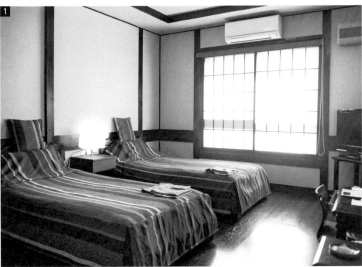

1 間接照明を取り入れた洋室
2 角館の町に溶け込む風情あふ
れる外観
3 角館の美しい風景のポストカー
ドで手紙をどうぞ

角館の伝統的な雰囲気のなかにモダンさが同居

田町武家屋敷ホテル たまちぶけやしきホテル

田町武家屋敷通りにある民
芸調の宿。蔵造りの外観に
和風の部屋、藍染めの寝具な
ど、室内のインテリアには和
モダンな情緒がある。和食
をベースにした創作料理も
楽しみのひとつ。

☎0187-52-1700
⌂仙北市角館町田町下丁23
🕐IN15:00 OUT10:00 室12
¥1泊2食付34760円～
Ｐあり
‼JR角館駅から徒歩15分
MAP 付録① B-4

中庭を眺めるダイニング

宿泊プラン

「旬彩 夕食は料理長にお任せ」
1泊2食付平日34760円～
郷土料理はもちろん、四季を
通じて旬の食材と、自家栽培
野菜を生かした創作料理が
楽しめる。

武家屋敷通り近くに宿泊するなら宿泊に特化した「町家ホテル角館」 MAP 付録① A-3がおすすめです。

角館・田沢湖周辺のおこもり宿
自然のなかで名湯に浸かりましょう

都会の喧騒を抜け出し、大自然の静寂に抱かれた宿へ。
貸し切り風呂や部屋風呂で体をあたためれば
心からリフレッシュできますよ。

❶美肌効果でも知られるアルカリ性単純泉の温泉が満ちる貸し切り露天風呂 ❷築200年の古民家を里山に移築。茅葺きの母屋は風情たっぷり ❸ダイニング付き和洋室「直武」。歴史に想いを馳せ、源泉掛け流しの半露天風呂でゆったり過ごせる ❹『解体新書』の挿絵画家・小田野直武が夢見た西洋のデザインを内装に取り入れている

里山にたたずむ古民家の宿

角館山荘 侘桜 ∥角館∥ かくのだてさんそうわびざくら

角館の奥座敷、西木町門屋に建つ。10室の全客室に、源泉かけ流しの半露天風呂が付いているほか、貸し切り風呂もある。料理は「分とく山」野﨑洋光総料理長がプロデュース。

☎0187-47-3511
⌂仙北市西木町門屋笹山2-8 ⏰IN15:00 OUT11:00
🛏和3 和洋7 ¥1泊2食付52150円～ Ｐあり 🚙JR角館駅から車で15分 MAP付録
③ A-2

宿泊プラン

茅葺き古民家と天然温泉の宿～侘桜 Standard Plan
1泊2食付52150円～
自慢の料理と名湯を楽しむ基本プラン。オリジナルの精油を使ったエステがおすすめ。料金は別途で、3日前までの事前予約が必要。

秋田牛や山菜など秋田の食材を使った夕食

角館・田沢湖／角館・田沢湖周辺のおこもり宿

1 宿の名物でもある貸切露天風呂「夏瀬の湯っこ」
2 地元産の食材を使った郷土食豊かな料理
3 宿泊客専用のラウンジ

自然の息吹を感じる一軒宿

都わすれ ‖田沢湖・夏瀬温泉‖ みやこわすれ

周囲には民家も旅館もないため、渓流の流れる音や鳥たちのさえずりをひときわ感じることができる。客室は全10室のみで、ひと組ひと組を大切にしたこまやかなサービスに癒やされる。

📞0187-44-2220
🏠仙北市田沢湖卒田夏瀬84 🕒IN15:00 OUT11:00
🛏10 ¥1泊2食付34250円〜 🅿あり 🚉JR角館駅から車で30分(JR角館駅から送迎あり、要問い合わせ)
MAP 付録③ B-2

モダンなインテリアが魅力

宿泊プラン

おすすめのプランは、1泊2食付平日 50850円〜、休前日53050円〜の特別貴賓室草笛への宿泊。専用露天風呂に加え、檜の内湯が付いていてゆっくりくつろげる。

都わすれは日帰り入浴での利用も可能です。🕒11:30〜14:00 ¥1000円 休水曜

田沢湖をぐるっとドライブ
湖畔で食べ歩きも楽しみ

神秘的な瑠璃色の湖面をたたえる田沢湖を訪れたら、
たつこ像など湖畔の見どころスポットを車でひとまわり。
休憩には田沢湖グルメでランチ＆おやつタイムを。

1 瑠璃色の田沢湖 MAP 35の向こうに秋田駒ヶ岳がそびえる 2 彫刻家・舟越保武作のたつこ像 MAP 35 3 湖に突きだした岬に建つ漢槎宮（浮木神社）MAP 35 4 辰子姫を祀る御座石神社をお参り。境内に辰子像が鎮座 5 たつこ茶屋の焼きたてきりたんぽはふっくら 6 スワンボートから湖上の景色を眺めて

田沢湖に伝わる辰子姫伝説

この地域に住む美しい娘・辰子が永遠の美しさを願って泉の水を飲むと、龍の姿に。辰子は湖に身を沈め、湖の主になったと伝えられます。

湖畔にたたずむ縁結びの神様

御座石神社
ござのいしじんじゃ

真っ赤な鳥居が瑠璃色の湖面に映える、辰子姫を祀る神社。縁結びや不老長寿に御利益があるとされる。境内には半身が龍の辰子像も。

鳥居のそばには辰子が飲んだという霊泉がある

神社 ♪0187-43-2111（仙北市田沢湖観光情報センター「フォレイク」）🏠仙北市西木町桧木内相内潟1 🕐見学自由 🅿あり 🚏バス停御座石神社前からすぐ MAP 35

田沢湖MAP

上が北
周辺図●付録③ 角館・盛岡MAP

1:150,000

(地図)

- 🔺御座石神社 P.35
- 田沢湖ハーブガーデン「ハートハーブ」P.35
- P.35 山のはちみつ屋
- P.35湖畔の杜レストランORAE Ⓡ
- P.14田沢湖レンタサイクル
- 田沢湖 P.34
- 田沢湖マリーン
- Ⓡ田沢湖レストハウス
- 田沢湖キャンプ場
- P.14仙北市田沢湖観光情報センター フォレイク
- 🏨田沢湖ローズパークホテル
- 漢槎宮（浮木神社）P.34
- 県民の森
- 仙北市
- 🔺たつこ像 P.34
- たつこ茶屋 P.35 Ⓡ

341 ▶八幡平
248
乳頭温泉郷
車で5分
247
80
国道105号線
秋田内陸縦貫鉄道
たざわこ駅
盛岡駅
46

名物たつこたんぽを召し上がれ

たつこ茶屋 たつこちゃや

自家栽培米で作る大きなみそたんぽが名物。甘辛い自家製味噌を塗り、炭火でじっくり焼き上げる。

炭火焼きが香ばしいたつこたんぽ380円

軽食 ♪0187-43-0909 🏠仙北市田沢湖潟中山40-1 🕐4月下旬〜11月上旬、9:30〜16:00（閉店）🈺期間中火曜日 🅿あり 🚏バス停大沢からすぐ MAP 35

爽やかに香るハーブに包まれて

田沢湖ハーブガーデン「ハートハーブ」
たざわこハーブガーデンハートハーブ

四季折々のハーブや花に囲まれたハーブ園に温室、売店、レストランなどを併設。ハーバリウムやルームフレッシュナーなどの体験教室を開催している。（要予約）

好きなハーブを選んでオリジナルのハーブティーが楽しめる

花の名所 ♪0187-43-2424（アロマ田沢湖）🏠仙北市田沢湖田沢前78 🕐10:00〜16:00（土・日曜、祝日は〜17:00）🈺水曜（11〜4月上旬は要問合せ）🈺入園無料 🅿あり 🚏バス停田沢湖畔から徒歩20分 MAP 35

天然のはちみつ専門店

山のはちみつ屋
やまのはちみつや

国産や世界のはちみつ、化粧品などのはちみつグッズがずらり。アカシヤはちみつをたっぷり使ったやさしい甘みの「はちみつソフト」が人気。

はちみつ商品やスイーツを豊富に取りそろえる

食品 ♪0120-038-318 🏠仙北市田沢湖生保内字神田163-3 🕐9:00〜17:30（冬期は〜17:00）🈺無休 🈺トチはちみつ（100g）902円 🅿あり 🚏バス停田沢湖橋からすぐ MAP 35

田沢湖を見渡すレストラン

湖畔の杜レストラン ORAE
こはんのもりレストランオラエ

オリジナルソーセージのほか、野菜をふんだんに使った季節の料理が人気。蔵出しの自家製ビールも評判。

レストラン ♪0187-58-0608 🏠仙北市田沢湖田沢春山37-5 🕐11:30〜18:50（時期・曜日により異なる要問い合わせ）🈺不定休 🅿あり 🚏バス停公園入口から徒歩10分 MAP 35

人気の行者にんにくソーセージ1280円

韓国ドラマ「アイリス」のロケ地となった田沢湖。「たつこ像」や「湖畔の杜レストランORAE」も登場していますよ。

田沢湖／田沢湖をぐるっとドライブ

野趣あふれる乳頭温泉郷で
ミルキーな湯にまどろんで

一度は行ってみたい憧れの秘湯といえば乳頭温泉郷。
なかでも最古の創業を誇るのが鶴の湯温泉です。
旅籠風情ただよう宿の乳白色の湯で、日常をリセットしましょう。

秘湯情緒たっぷりの露天風呂で湯浴み

鶴の湯温泉 つるのゆおんせん

湯治場として約330年前に創業。茅葺きの本陣は江戸時代の伝統建築物を継承。4本の源泉があり、混浴露天風呂には青みがかった乳白色の「白湯」が満ちる。ほかに女性露天風呂や貸し切り風呂など8つの湯処がある。

日帰り入浴

🕙10:00〜15:00（月曜は清掃のため露天風呂不可）💴700円

📞0187-46-2139 🏠仙北市田沢湖田沢先達沢国有林50 🕙IN15:00 OUT10:00 🛏36 💴10600〜23250円 🅿あり 🚌バス停アルパこまくさから送迎車で15分 🗺付録③ A-1

1一番大きな混浴露天風呂。源泉は白湯で硫黄泉 **2**茅葺きの長屋「本陣」の客室。夜は囲炉裏の周りで食事が楽しめる **3**お膳には里山の幸が並ぶ **4**江戸時代の伝統建築物を継承した宿泊棟

宿の湯で温泉三昧

白湯の女性露天風呂
開放感抜群

宿泊者専用の内湯で
のんびりリラックス

少し熱めの湯が気持ちいい
女湯の内風呂

源泉名を掲げた湯小屋
効能や肌触りはさまざま

湯めぐり用のミニバッグと
手ぬぐいがかわいい

乳頭温泉郷のブナ林を散策

休暇村 乳頭温泉郷では、ガイド付きで美しいブナ林を散策するトレッキングのツアーなどを開催しています。

乳頭温泉郷で見つけたおみやげ

名湯をたっぷり楽しんだら、温泉宿でおみやげ探し。
どこか懐かしくってほっとする、旅の思い出です。

箸置き400円。黒湯温泉名物の黒たまごをイメージしたキャラクター「くろたまちゃん」をデザイン／黒湯温泉

黒湯温泉オリジナル手ぬぐい1000円。秋田県出身の版画家・勝平得之が黒湯温泉を訪れた際に書いた風景をデザイン／黒湯温泉

囲炉裏を囲んでいただく
田沢湖の名物鍋

鶴の湯温泉別館 山の宿

つるのゆおんせんべっかんやまのやど

鶴の湯諸越(6本入り)1250円。秋田杉の木箱に入った手作りのもろこし／鶴の湯温泉

スプーン400円。黒湯温泉のキャラクター「くろたまちゃん」が描かれたティースプーン／黒湯温泉

自家製の味噌味仕立てで体の芯までぽかぽかに

鶴の湯温泉の別館で、ランチタイムには囲炉裏を配した食事処で、鶴の湯名物の山の芋鍋が味わえる。山の芋とは伊勢芋のことで、これをすりおろしたつみれが主役になっている。

📞0187-46-2100 🏠仙北市田沢湖田沢湯ノ岱-1 ⏰11:00〜13:00 休水曜 Ｐあり ‼バス停アルパこまくさから送迎車で10分 MAP付録③ A-1

樺細工のミニしおり(2枚入り)660円
山桜の樹皮で作る秋田・角館の伝統工芸品／妙乃湯

ブナ林の山麓に湧く秘湯で湯めぐりパワーチャージ

乳頭温泉郷には、種類の異なる10種類以上の湯が湧きます。
7つの宿で日帰り温泉を楽しめるので、
大自然に癒されながら思う存分名湯を堪能できますよ。

金の湯、銀の湯で力復ツサンゲ

乳頭温泉郷 妙乃湯
にゅうとうおんせんきょうたえのゆ

この宿の魅力は何といっても先達川を望む露天風呂。お湯の色が茶色の弱酸性鉄泉「金の湯」と透明な緩和性単純泉「銀の湯」があり、樹林に囲まれた渓流を眺めながら浸かることができる。「金の湯」は鉄分が豊富で疲労回復、「銀の湯」は美肌効果が期待できる。館内は民芸調のインテリアで統一され、シックな空間が広がる。こまやかなサービスと和モダンな雰囲気がとくに女性に人気。

📞0187-46-2740 🏠仙北市田沢湖生保内駒ヶ岳2-1 🕐IN15:00 OUT10:00
🛏17 💴1泊2食付18150～30150円
Pあり🚌バス停妙乃湯温泉前からすぐ
MAP付録③ A-1

❶温泉と絶景が楽しめる貸切露天風呂❷大自然に抱かれて建つ

❸湯船の底に石を敷き詰めた内湯「喫茶去」❹夕食は季節の食材が彩る会席料理❺紅葉館の特別室。琉球畳を配した客間は16畳の広さ

プラスαのお楽しみ

秘湯ビール
珍しいブナ天然酵母を使ったビール。喉ごしがさわやかで飲みやすい味。鶴の湯温泉で購入でき、330㎖660円。湯上がりの一杯にどうぞ。

日帰り入浴
🕐10:30～14:00
（火曜休）
💴1000円

孫六温泉は改装中

乳頭温泉で100年以上続く老舗宿の孫六温泉。昔ながらの趣ある建物が残る湯治宿は、建物の老朽化もあり現在大改装中。2024年秋の再開を目指しています。

野趣あふれる茅葺きの露天風呂

黒湯温泉 くろゆおんせん

日帰り入浴
- ⏱ 9:00〜16:00（水曜のみ〜10:30）
- ¥ 800円

坂道を下った谷間に茅葺きの家屋や湯小屋が連なる

乳頭温泉郷の最奥部にあり、四方を山に囲まれた静かで素朴な宿。白濁した湯をたたえた露天風呂の気持ちよさは格別で、昔ながらの湯治場の雰囲気が今なお残っている。

☎0187-46-2214 🏠仙北市田沢湖生保内黒湯沢2-1 🗓4月中旬〜11月中旬、IN14:00 OUT10:00 🛏14 休期間中無休 ¥1泊2食付19400〜33150円 🅿あり 🚌バス停乳頭温泉から送迎あり（宿泊者限定／要連絡）MAP付録③ A-1

小学校風の湯宿で名湯に憩う

大釜温泉 おおかまおんせん

日帰り入浴
- ⏱ 9:00〜16:00
- ¥ 700円

校舎の面影が残るノスタルジックな建物

廃校になった小学校の資材を再利用して建築。ほのかに鉄の香りがする強酸性の湯は効能豊かで湯量も豊富。通年入れる露天風呂や、夏季限定の足湯もある。

☎0187-46-2438 🏠仙北市田沢湖田沢仙達沢国有林 🗓IN14:00 OUT9:30 🛏15 ¥1泊2食付11150円〜 🅿あり 🚌バス停乳頭温泉からすぐ MAP付録③ A-1

四季を通じて楽しめる露天風呂

秘湯の宿 蟹場温泉 ひとうのやどがにばおんせん

日帰り入浴
- ⏱ 9:00〜15:30（水曜休）
- ¥ 800円

露天風呂は宿泊棟から50mほどの森の中にある

広々とした石造りの混浴露天風呂が自慢で、紅葉や雪見など四季折々の景色が楽しめる。杉造りの内湯も風情があり、湯の花が漂う透明な湯はよく温まると評判。

☎0187-46-2021 🏠仙北市田沢湖先達沢国有林50 ⏱IN14:00 OUT10:00 🛏16 ¥1泊2食付13350〜16100円 🅿あり 🚌バス停乳頭温泉から徒歩すぐ MAP付録③ A-1

森林浴気分で湯浴みを満喫できる

休暇村 乳頭温泉郷 きゅうかむらにゅうとうおんせんきょう

日帰り入浴
- ⏱ 11:00〜17:00
- ¥ 800円

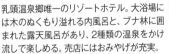

コーヒーやソフトクリームを味わえる喫茶もある

乳頭温泉郷唯一のリゾートホテル。大浴場には木のぬくもり溢れる内風呂と、ブナ林に囲まれた露天風呂があり、2種類の温泉をかけ流しで楽しめる。売店にはおみやげが充実。

☎0187-46-2244 🏠仙北市田沢湖駒ヶ岳2-1 ⏱IN15:00 OUT10:00 ¥和25、洋13 🛏15650円〜 🅿あり 🚌バス停休暇村前から徒歩すぐ MAP付録③ A-1

宿泊して湯めぐりするなら、各宿に1回ずつ入浴できる「湯めぐり帖」（2500円・宿泊者限定）がお得（鶴の湯温泉別館 山の宿を除く）。

横手・湯沢周辺で心と体がよろこぶ おいしい発酵食を味わいましょう

古くから米麹を使った発酵食文化が育まれてきた秋田県南部。
カフェやバー、老舗醸造元など、さまざまなお店で味わえる発酵食は
伝統的なメニューや洋風にアレンジしたものなど多彩です。

クラフト×発酵食

秋田のクラフトが並ぶ 蔵カフェ

月替わり膳1430円。数量限定なの
で、事前に予約するのがおすすめ

クラフトは、秋田杉を使ったナチュラルな空間に並ぶ

秋田のクラフト見つけました

三温窯マグカップ丸形
中3300円、大3520円

新山木工のトレイ8470円は、カフェでも使用されている

カフェメニューにも使われている醸造元・石井本店の醤油。
（左）ミニ醤油百寿430円（右）
再仕込醤油 芳寿980円

自家製牛乳プリンはランチのオーダーで飲み物とセットで味わえる。ほうじ茶セット500円〜、珈琲セット550円〜

ショップスペースからカフェスペースの蔵へ入れる。黒漆喰が重厚な印象

Interior Shop&Cafe momotose

‖湯沢‖インテリアショップアンドカフェモトセ

明治初期の蔵をリノベーションした重
厚な雰囲気のなか、地元醸造元の味噌
や醤油を使ったメニューが味わえる。
明るいショップスペースではぬくもり
を感じるクラフトを販売。秋田のもの
を中心に全国からセレクトしている。

クラフト・カフェ 📞0183-55-8839 🏠湯沢市岩崎岩崎160 🕐10:30〜17:00（土曜
は〜21:00）休火・水曜 Ｐあり 🍴JR下湯沢駅から徒歩14分 **MAP**付録③ A-3

一棟貸しの宿「草木ももとせ」
Interior Shop＆Cafe momotoseの別館「草木ももとせ」。明治時代の住空間に1泊2名様52800円から、最大6名で泊まれます。 MAP 付録③ A-3

横手・湯沢／横手・湯沢周辺で発酵食を味わいましょう

醸造元×発酵食

ヤマモ味噌醤油醸造元

‖湯沢‖ ヤマモみそしょうゆじょうぞうもと

150年以上続く味噌や醤油の醸造元。独自の酵母Viamver®で発酵させた料理を提供するレストランを併設。蔵や茶室など、敷地内の5か所をめぐりながら料理を楽しむ「DINNER TOUR」（1週間前まで要予約）が話題。

醸造元
☎0183-73-2902
⌂湯沢市岩崎岩崎124 ⌚10:00〜16:30（ディナーや蔵の見学は要予約）㊡不定休 Ｐあり ‼JR十文字駅から車で6分
MAP 付録③ A-3

老舗醸造元のアートな空間

Viamver® 酵母で発酵させたディナーメニュー
※2024年2月現在単品での提供はなし

❶味噌醤油をマーブルにしたSOY GELATOはViamver Saltとオイルをマリアージュ990円 ❷味噌醤油の購入ができるファクトリーストア

杉の樽が並ぶもろみ蔵。「DINNER TOUR」ではさまざまなロケーションで料理を堪能

BAR×発酵食

Hostel&Bar CAMOSIBA

‖横手‖ ホステルアンドバーカモシバ

蔵付きの古民家をゲストハウスとして改修。夜は発酵食を出すバーとしても営業する。うまみたっぷりの発酵食はお酒にもびったり。オーナーの実家である麹屋の麹を使った手作りの料理や自家製果実酒なども充実。

バー
☎0182-23-5336
⌂横手市十文字町曙町7-3 ⌚19:00〜22:30、ドリンクは〜23:00（宿泊はIN16:00、OUT10:30）㊡不定休 Ｐあり ‼JR十文字駅から徒歩3分 MAP 付録③ A-3

太い梁が印象的な店内。お茶屋だった蔵をリノベーションしている

〝発酵バル〟で麹たっぷり夜ご飯

パイのようなマレーシアの薄焼きパンを使ったCAMOSIBAピザ660円

自家製の糀で鶏肉もふっくら。甘糀チキンのトマト煮（バゲットつき）660円

ヤマモ味噌醤油醸造元ではスタイリッシュなパッケージの醤油や味噌を販売。おみやげにおすすめです。

重厚なたたずまいに圧倒されます
内蔵をたずねて増田へ

江戸時代から商家の集まる町として栄えた横手市増田。
レトロな中七日町通りを歩き、昔ながらの町屋に入ってみましょう。
建物のなかとは思えない、どっしりとした内蔵が建っています。

内蔵の2階、倉庫部分に
保管されていた屏風

扉を開け放つと蔵の座敷から中庭を望める

増田の
まちなみ
MAP

←十文字駅

市営駐車場・バス停
増田蔵の駅前

中
七
日
町
通
り

旧石田理吉家

朝市通り
旬菜みそ茶屋
くらを

観光物産
センター
蔵の駅

佐藤又六家

下タ堰

増田の町並み案内所
ほたる

増田の町並み駐車場

まずはここで増田の
伝統家屋の構造を知る
観光物産センター 蔵の駅
かんこうぶっさんセンターくらのえき

大正時代の商家を利用した観光案内所
兼みやげ店。切妻造りの家屋は、通りに
面した入り口は狭いが奥に細長い。土間
の奥に進むと、空間が開け高さ5mほど
の黒漆喰の重厚な内蔵が現れる。

歴史的建造物 ♪0182-45-5541（増田町観光協
会）🏠横手市増田町増田中町103 ⏰9:00〜
17:00 🈚無休 💰無料
🅿あり 🚌バス停増田
蔵の駅前からすぐ
MAP付録③ A-3

増田の内蔵とは？
火事や雪から大事なものを守る
ため、増田の商家では主屋の奥
に土蔵を建て、「内蔵」と呼んだ。
地域に50軒弱が現存。約20軒
が公開されている。

鞘と呼ばれる建屋で、蔵や居住空間をす
っぽりと覆っている

重厚感のある内蔵。使用人が多い商家では、プ
ライベート空間として内蔵が活用された

細部の装飾にも注目です

横手／内蔵をたずねて増田へ

旧勇駒酒造は見学できます

現在は羽場こうじ茶屋くらをの店舗となっている旧勇駒酒造は、国の登録有形文化財。仕込み蔵「宝暦蔵」を事前の予約で見学できます。

国指定重要文化財

木造3階建ての名家の屋敷
旧石田理吉家 きゅういしだりきちけ

県内でも珍しい木造3階建ての主屋が目を引く。昭和初期まで酒造業などを営んだ旧家で、1階に内蔵と座敷、2階に豪華な洋間と和室があり、3階には大広間が広がる。

歴史的建造物 ☎0182-45-5588
🏠横手市増田町増田中町95-2
🕘9:00〜16:00 🈺月曜(祝日の場合は翌日休) 💴310円 🅿あり 🚏バス停増田蔵の駅前からすぐ MAP付録③ A-3

通り沿いにある増田最古の店蔵
佐藤又六家 さとうまたろくけ

江戸時代から約350年続く商家。一般的な内蔵が敷地の奥にあるのに対し、店舗を兼ねた佐藤家の蔵は、増田で唯一、中七日町通りに面して建てられている。

2階の縁側部分に出ると建物内部に内蔵があるのが分かる

歴史的建造物 ☎0182-45-3150 🏠横手市増田町増田中町63
🕘9:00〜16:00 🈺不定休 💴300円 🅿あり 🚏バス停増田蔵の駅前からすぐ MAP付録③ A-3

❶1937(昭和12)年建造。9本の柱が支える頑強な3階建ての木造建築 ❷商家が多い増田では珍しい前庭を望む応接用の座敷

味噌、麹、地場野菜が主役の増田のお昼ごはん

体も喜ぶ
麹を生かしたごはん
旬菜みそ茶屋くらを
しゅんさいみそちゃやくらを

1918(大正7)年創業の羽場こうじ店が営む食事処。昔から食べられてきた麹を使った料理が味わえる。野菜がメインの定食は、麹のうまみたっぷり。麹を焙煎したお茶はおみやげにおすすめ。

郷土料理 ☎0182-45-3710 🏠横手市増田町増田中町64 🕘10:00〜16:00(ランチは11:30〜14:30) 🈺水・木曜 🅿あり 🚏バス停増田蔵の駅前からすぐ MAP付録③ A-3

❶季節の野菜と麹をたっぷり使った定食は1760円。盛り付けは一例 ❷増築を繰り返し、東西に細長い建物をつなぐ土間。江戸時代に建てられた内蔵に続く ❸味噌ソースと焙煎した米麹をのせたソフトクリーム400円

増田の朝市は江戸時代から約380年続く伝統の朝市。約100mの通りに山菜や郷土菓子、魚介などを扱う店が並びます。

夜空に咲き誇る大輪の花火にうっとり

花火の色彩やデザインが競われる「創造花火」

「芯入割物花火」や「自由玉」など花火の種類も多様

星がゆっくりと下へ垂れてくる様子が美しい冠菊

Ａ フィナーレは音楽に合わせて打ち上がる。その迫力と美しさは感動的

艶やかに
幻想的に
夜を彩る
秋田のまつり

市内の各所に高さ約3mのかまくらが約60基造られる

かまくら内には、水神様が祀られている

暖かな光が
かまくらに灯ります

横手南小学校と蛇の崎川原には、約3500個のミニかまくらが登場 Ｂ

Ａ 全国花火競技大会「大曲の花火」

ぜんこくはなびきょうぎたいかいおおまがりのはなび

全国の花火師が花火の技を競う。昼と夜の2部構成で、約1万8000発もの花火が打ち上がる。

📞0187-88-8073（大曲商工会議所）
🏠大仙市大曲雄物川河畔 🕐8月最終土曜、昼花火17:10～、夜花火18:50～ 🅿あり 🚶JR大曲駅から徒歩30分 MAP付録③ A-3

Ｂ 横手の雪まつりかまくら

よこてのゆきまつりかまくら

約450年続く小正月行事。かまくらの中から子どもたちが道ゆく人に甘酒をふるまう。

📞0182-33-7111（横手市観光協会）
🏠横手市役所本庁舎前ほか市内各所 🕐2月15・16日、18:00～21:00 🅿あり 🚶JR横手駅から徒歩10分（横手市役所本庁舎前） MAP付録③ A-3

盛岡

盛岡には北上川、雫石川、中津川が流れています。
なかでも中津川は、秋になると鮭が帰ってくる清らかな流れ。
散策やサイクリングスポットとしても人気のエリアです。
豊かな自然と城下町の面影、すぐれた意匠の建築遺産が
訪れる人をやさしく迎えてくれます。
また、盛岡は宮沢賢治や石川啄木が青春時代を過ごしたところ。
詩情あふれる水と緑の都へでかけてみませんか。

盛岡エリアを
さくっと紹介します

盛岡城跡を中心に城下町の面影を残す盛岡エリアは、
見どころが市街地に集まるおさんぽにちょうどいい街。
足を延ばせば小岩井農場や八幡平など大自然に出会えるのも魅力です。

旅の情報を集めましょう

まずは観光案内所へ

JR盛岡駅南口改札そばにある「いわて・盛岡広域観光センター」では盛岡や北東北の旅情報が入手できます。パンフレットやマップも豊富です。

いわて・盛岡広域観光センター　☎019-625-2090 ⏰9:00
～17:30 無休 MAP付録② B-3

岩手グルメと名産品がそろう
盛岡駅ビル「フェザン」

手軽に岩手グルメを味わうならJR盛岡駅直結のショッピングビル「フェザン」へ。岩手三大麺や郷土料理の店が並びます。みやげ選びはフェザン内の「おでんせ館」で。約40のショップが並び、銘菓や地酒、工芸品などのみやげがそろいます。

盛岡駅ビル「フェザン」
☎019-654-1188 ⏰10:00～20:00（おでんせ館は9:00～
20:30、ほか店舗により異なる）不定休 MAP付録② A-2

アクセス概要

JR盛岡駅からスタート。盛岡市街地は徒歩やバス、レンタサイクルで街歩きしましょう。小岩井農場へは岩手県交通バスを、八幡平頂上へは岩手県北バスを利用。安比高原へはIGRいわて銀河鉄道・JR花輪線直通列車に乗って安比高原駅で下車します。

盛岡市内をめぐるなら「でんでんむし」が便利

盛岡駅前（東口）を起点に20分間隔で運行する循環バス。1乗車130円。1日フリー乗車券350円は盛岡駅東口のバス案内所で販売しています。

牛やヒツジが過ごす
広大な農場

P.72 **小岩井農場**
こいわいのうじょう

岩手山を背景に緑豊かなまきばが広がる。ガイドツアーや乗馬などレジャーも充実。

歴史情緒漂う
城下町

P.48 **盛岡**
もりおか

歴史的建造物が並ぶ町並みが魅力。カフェや雑貨店めぐりも楽しい。

レンタサイクルの利用もおすすめ

盛岡は自転車での移動がスムーズ。駅近くの「FPホーム's自転車駐車場」や中の橋近くの「プラザおでって」などで借りられます。

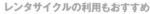

FPホーム's自転車駐車場　☎019-622-0972 ⏰6:00～
20:30 ¥1回200円 無休 MAP付録② B-2

プラザおでって　☎019-626-1151 ⏰8:00～19:00
¥1時間400円 第2火曜 MAP付録② E-3

盛岡／盛岡エリアをさくっと紹介します

**ダイナミックな
自然美が魅力**

八幡平

はちまんたい

整備された遊歩道を
歩けば、火山湖や樹海
など高山らしい景色が
楽しめる。

**賢治のモニュメント
があちこちに**

P.49 **いーはとーぶ
アベニュー材木町**

いーはとーぶアベニューざいもくちょう

約400年の歴史をもつ商
店街。宮沢賢治ゆかりの
民芸品店・光原社がある。

冬期閉鎖となる八幡平アスピーテライン。冬の通行止めが解除された4月中旬頃には雪の壁を見ながらのドライブが楽しめます。

でんでんむしでぐるっと
盛岡ノスタルジックさんぽ

盛岡市内の見どころをめぐるバス「でんでんむし」に乗って
古い時代の洋風建築や懐かしい風景をめぐりましょう。
素敵な場所との思わぬ出会いもありそう。

商店が建ち並ぶ
参道はにぎやかな
雰囲気が楽しい

ぐるっと回って
3時間

12
9 — 15
17

おすすめの時間帯

盛岡駅に着いたら、市内循環バスでんでんむしに乗って出発。歴史ある城跡公園や、江戸・明治期の建築をめぐり、ノスタルジックな空気に触れましょう。レトロな建物の中で味わうランチやコーヒーは格別ですよ。

1 櫻山神社界隈
さくらやまじんじゃかいわい

歴史をめぐるそぞろ歩きも楽しい

盛岡城跡公園と官庁街の間にあり、地元で「櫻山さん」と呼ばれ親しまれる約300年の歴史がある神社。風情のある境内周辺には、さまざまな商店や飲食店が建ち並ぶ。

神社
♪019-622-2061（桜山神社）🏠盛岡市内丸1-42 🕐拝観自由 🅿なし 🚌バス停県庁・市役所前からすぐ
MAP付録② D-3

2 岩手銀行赤レンガ館
いわてぎんこうあかレンガかん

ルネッサンス調の重厚な銀行

1911(明治44)年に竣工した、赤レンガの壁と緑のドームが目印の盛岡のシンボル的存在。設計は東京駅と同じ工学博士・辰野金吾。

銀行♪019-622-1236 🏠盛岡市中ノ橋通1-2-20 🕐10:00～16:30 🈺火曜 💴300円（岩手銀行ゾーンは無料）🅿なし 🚌バス停盛岡バスセンターからすぐ MAP付録② E-3

1 東京駅丸の内駅舎のようなエントランスホールの天井 **2** 高い天井とシャンデリアが豪華な多目的ホール **3** 国指定重要文化財にもなっている美しい赤レンガの建物

〔地図〕
県立中央病院
上盛岡駅
山田線
四ツ家教会
盛岡中央郵便局
5 いーはとーぶアベニュー材木町
商工中金前
啄木新婚の家
中央通二丁目
七十七銀行
材木町南口
啄木新婚の家口
柳新道
旭橋
開運橋
中津川
旭橋
開運橋
フェザン
盛岡駅前（東口）
IGRいわて銀河鉄道
盛岡駅
東北新幹線
アイーナ・マリオス
東北本線

1 **1** **2** **3**

48

3 ござ九・森九商店
ござくもりくしょうてん

カラフルな亀の子
たわし440円〜

盛岡人御用達の生活雑貨の店

1816(文化13)年創業。歴史を感じる店内には、ござや岩手の竹細工など、なつかしい生活雑貨がたくさん。軒先を飾るほうきが目印。

雑貨屋　📞019-622-7129　🏠盛岡市紺屋町1-31　🕐8:30〜17:30　休日曜　Pあり　‼バス停盛岡バスセンターから徒歩3分　MAP付録②E-3

毎日の暮らしに役立ちそうなカゴやほうきなどの生活雑貨がいっぱい

南部古代型染のオリジナルコースター(2枚入り)770円
青春館ブレンドあこがれ450円

4 もりおか啄木・賢治青春館
もりおかたくぼくけんじせいしゅんかん

盛岡ゆかりの文人を知る

1910(明治43)年建設の旧第九十銀行を利用した館内では、盛岡で学生生活を送った石川啄木と宮沢賢治の青春時代や当時の盛岡を紹介。

記念館　📞019-604-8900　🏠盛岡市中ノ橋通1-1-25　🕐10:00〜17:30(喫茶LO17:00)　休第2火曜　Pなし　‼バス停盛岡バスセンターから徒歩3分　MAP付録②E-3

5 いーはとーぶアベニュー材木町
いーはとーぶアベニューざいもくちょう

通り沿いには宮沢賢治ゆかりの光原社(→P.52)もある

材木町のシンボルストリート

材木町は400年もの歴史ある商店街。通りのあちこちには賢治像やチェロなど、賢治の世界を表した6つのモニュメントがたたずむ。

通り　📞019-623-3845(盛岡市材木町商店街振興組合)　🏠盛岡市材木町7-42　🕐見学自由　Pなし　‼JR盛岡駅から徒歩10分　MAP付録②A-1

心地よい風を感じながら…
中津川周辺を自転車さんぽ

キラキラ輝く中津川を眺めながら
ノスタルジックな町並みを自転車でスイスイ。
美術館やクラフト、庭園…盛岡らしさに出会えるコースです。

レンタサイクル情報
中の橋近くにある「プラザおでって」では、1時間400円、1日1200円で自転車が借りられます。ゆっくり街めぐりしたい人におすすめ。

上の橋

shop+space ひめくり
深沢紅子野の花美術館
紺屋町番屋
こざ九・森九商店
釜定
岩手銀行赤レンガ館
プラザおでって
もりおか啄木・賢治青春館

県民会館
盛岡市役所
テレビ岩手
盛岡城跡公園
中の橋
下の橋
中津川
● 南昌荘

レトロな街をさんぽしましょう

1 ゆっくりと時間が流れる館内で、水彩画や油絵などを鑑賞できる。作品は季節にあわせて展示替えしている

ミュージアムグッズも販売。ポストカード各160円

深沢紅子野の花美術館の隣にある雑貨店、shop+space ひめくり（☞P.55）にも立ち寄って

2 匠の技が光る南部鉄器が素敵にディスプレイ

箸置き550円

洋鍋（小）7150円

3 庭園を眺めながら抹茶（お菓子付き）450円を楽しむことができる

1100坪の敷地内に庭園と邸宅がある

1

深沢紅子野の花美術館
ふかざわこうこののはなびじゅつかん

身近な野の花を主題に描き続けた画家深沢紅子の作品を展示。鑑賞後は、原風景となった中津川畔の川原をゆったりと散策するのもおすすめ。

美術館 ☎019-625-6541 🏠盛岡市紺屋町4-8 🕙10:00〜16:30 休月曜（祝日の場合は翌日休）¥500円 Pなし バス停上の橋から徒歩5分 MAP付録② E-2

2

釜定
かまさだ

明治後期創業の南部鉄器の老舗。鉄瓶やフライパンなど、伝統にモダンを加え洗練されたデザインの道具は、毎日の料理を楽しくしてくれる。

南部鉄器 ☎019-622-3911 🏠盛岡市紺屋町2-5 🕙9:00〜17:30 休日曜 Pなし バス停盛岡バスセンターから徒歩5分 MAP付録② E-3

3

南昌荘
なんしょうそう

実業家・瀬川安五郎が1885（明治18）年頃邸宅として建造。手入れの行き届いた庭園を歩き、邸宅から緑を眺めれば心も体も癒されそう。

邸宅 ☎019-604-6633 🏠盛岡市清水町13-46 🕙10:00〜17:00（12〜3月は〜16:00）休月・火曜 ¥300円 Pあり バス停下の橋町から徒歩5分 MAP付録③ B-2

南昌荘では前日15:00までに予約すると老舗そば料理店 東家のお弁当も楽しめますよ。

美しい民芸品に出会いたくて
光原社を訪ねました

心をほっと温かくしてくれる手仕事の品々は
どれも愛着がわく、長くいつくしみたいものばかり。
日常を豊かにしてくれる民芸品を探しに行きましょう。

1 21階には陶器や漆器など、2階には世界各地の工芸品や手仕事の品々がそろう **3**宮沢賢治の有名な詩をデザインしたのれん **4**鮮やかな色が目をひく越中和紙を使った文庫箱

手仕事の逸品との心温まる出会い

光原社 こうげんしゃ

盛岡を訪れたらここははずせない、という人も多いはず。全国から集められた民芸品の品々は、日常にすっと溶け込む美しさを兼ね備えたものばかり。手仕事から生まれる造形の美しさは驚くほど表情多彩。手のおさまりがいい普段使いにぴったりの器やグラス、おもてなしに重宝する漆器、華やかな色彩にはっとする和紙の文箱など、心ひかれる逸品との出会いを楽しめる。

民芸品 ☎019-622-2894 ⌂盛岡市材木町2-18 ⏰10:00〜18:00（冬季は〜17:30）休毎月15日（土・日曜、祝日の場合は翌日休）Ｐなし‼JR盛岡駅から徒歩10分 MAP付録② B-1

宮沢賢治と光原社
1924(大正13)年、宮沢賢治の生前唯一となる
童話集『注文の多い料理店』を発刊したのが
光原社です。敷地内には資料館も併設。

1 ステンドグラスの装飾が美しい空間。**2** 漆塗りのカウンター席がある店内には、クラシックな調度品がバランス良く並ぶ

コーヒーの香りに包まれゆったり

光原社 可否館 こうげんしゃこーひーかん

白壁に木とレンガが調和した小さな建物の中は、まさに光原社ならではのくつろぎの空間。1杯ずつていねいに淹れられるコーヒーと名物のくるみクッキーを合わせて、お好みの席で味わうのがおすすめ。

童話の世界のような中庭にたたずむ

カフェ ♪なし
⌂盛岡市材木町2-18 ⏱10:00〜16:30
㉻毎月15日(土・日曜、祝日の場合は翌日休) Ｐなし
‼JR盛岡駅から徒歩10分
MAP付録② B-1

民芸の器で供される珈琲550円

心ひかれる岩手の手仕事

モーリオ

通りを挟んで光原社の真向かいに建つ別館「モーリオ」の店名は、宮沢賢治の造語で、盛岡を意味する「モリーオ」が由来。岩手の手仕事の品々を中心に、クッキーやパン、コーヒーなどの食品も多彩にそろう。

くるみをたっぷり挟んだくるみクッキー 1箱2080円

民芸品 ☎019-624-0008
⌂盛岡市材木町3-11 ⏱10:00〜18:00(冬季は〜17:30) ㉻毎月15日(土・日曜、祝日の場合は翌日休) Ｐなし
‼JR盛岡駅から徒歩10分
MAP付録② B-1

岩手の職人手作りの山ぶどうの手さげ60000円〜

1 デザイン性の高い南部鉄器、職人技が生きたカゴやザルなどの編み組み品などをディスプレイ **2** 愛らしい南部鉄器のオーナメント4180円

光原社がある「いーはとーぶアベニュー材木町」では、宮沢賢治の世界を表したモニュメントを探してみて。

レトロな町で見つけました
紺屋町のお気に入りの店

江戸時代、盛岡のメインストリートだった紺屋町。
町家と洋館建築が混在するエリアを歩けば、
一生モノの道具やストーリーのあるお店に出会えます。

まろやかな鉄瓶ドリンクを味わう

人気のあかいりんご(中央) 48400円。鉄瓶は受注生産で納期は1年ほど

鉄瓶のお湯で淹れるコーヒーは、雑味がなくまろやか

自家製ティーシロップをそえたコーニッシュチーズケーキ480円とコーヒー550円

お茶とてつびん engawa
おちゃとてつびんエンガワ

盛岡の南部鉄器のブランド「kanakeno」が「南部鉄器を体験できる場を」とオープンしたカフェ。鉄瓶で沸かしたお湯で淹れるドリンクとともにランチやスイーツを味わえる。

☎019-656-1089 🏠盛岡市中ノ橋通1-5-2 唐たけし寫場1F ⏰11:00〜17:00、土・日曜、祝日8:00〜 休月・火曜 Ｐなし 🚌バス停盛岡バスセンターから徒歩3分
MAP 付録② E-3

町のランドマークで盛岡の文化に触れて

1913 (大正2) 年に建てられた旧消防屯所をリニューアル

ショップでは地元作家をはじめ国内外のクラフト製品を紹介

2種類のオリジナルブレンド550円のほか、手作りスイーツを楽しめる

紺屋町番屋
こんやちょうばんや

歴史的建造物が交流体験施設にリニューアル。創業当時の面影を残す1階のカフェでは、オリジナル焙煎コーヒーや自家製スイーツを楽しめるほか、クラフト製品を扱うショップもある。

☎019-625-6002 🏠盛岡市紺屋町4-34 ⏰10:00〜17:00 (カフェは〜16:30) 休月曜 (祝日の場合は翌日) Ｐなし 🚌バス停県庁・市役所前から徒歩4分
MAP 付録② E-2

羅針盤の姉妹店
羅針盤のオーナー・蕪木祐介さんは、東京・台東区でコーヒーとチョコレートの店「蕪木」も営んでいます。

コーヒーに癒される美しき喫茶店

青森カシスのショコラタルト500円とストレート珈琲 ケニア650円

レコードの音が心地良く響く店内。壁の絵は「六分儀」の店主が描いたもの

ネルドリップのコーヒーはブレンド3種と季節のストレート

羅針盤
らしんばん

盛岡で学生時代を過ごしたオーナーが、45年続いた喫茶店「六分儀」を引き継ぎ2018年にオープン。自家焙煎コーヒーとチョコレートをメインに、季節のお菓子を味わえる。

📞019-681-8561
🏠盛岡市中ノ橋通1-4-15
🕐10:00〜16:30、土・日曜、祝日は9:00〜 休月曜
Ｐなし 🚏バス停盛岡バスセンターから徒歩2分
MAP付録② E-3

多彩な南部せんべいをおみやげに

定番のごまをはじめ、18種類ほどの南部せんべいを作っている

商品を購入するとせんべいの手焼き体験1枚300円〜もできる(要予約)

南部染め柄のレトロでかわいい包装紙も人気

老舗 白沢せんべい店
しにせしらさわせんべいてん

手作業で生地を伸ばし、型に入れて釜で焼き上げる南部せんべいの老舗。伝統の味を守りながら、ピーナッツや塩くるみ、かぼちゃ、唐辛子、ココアなどのオリジナルも多い。

📞019-622-7224
🏠盛岡市紺屋町2-16
🕐9:00〜17:00
休無休 Ｐあり
🚏バス停県庁・市役所前から徒歩4分
MAP付録② E-2

盛岡／紺屋町のお気に入りの店

中津川を望む「プラザおでって」は特産品の販売や観光案内所などがそろう盛岡の情報発信基地です。

乙女心をくすぐる
すてきな雑貨屋さん

ふだん使いしたい器や衣類、ペーパーアイテム…
盛岡市内には、魅力的なセレクト雑貨を取りそろえる
素敵な雰囲気のショップがあちこちにあります。

ぬくもりあふれる日用雑貨たち

道具屋
どうぐや

国内外から集めたふだんの生活に取り入れたい雑貨やアクセサリー、ソファ、テーブルなどの家具を販売。店の奥にある庭では、不定期でワークショップやイベントなどを開催している。

📞019-681-6972 🏠盛岡市青山1-19-54 🕚11:00〜19:00 🈚月・火曜 🅿あり 🚉IGRいわて銀河鉄道青山駅から徒歩5分 🗺付録③ B-2

店内には思わず立ち止まって手に取りたくなるアイテムをいっぱいラインナップ

愛らしい鳥モチーフの皿。イイホシユミコ「tori plate」各1320円

真鍮とパールでできた可愛らしいピアス。2つの言葉シリーズ11000円

小物の収納に便利。Tool box各1430円

真鍮鋳物のペーパーウェイトIEMONO＋鋳肌6380円

重ねて収納できる山桜でできたkasane kop4290円〜

左／どれも選び抜かれた貴重なアイテムばかり　右／新しいものから古いものまで、国内外を問わずハイセンスなアイテムをセレクト

独自のセレクトに個性が光る

Holz Furniture and interior
ホルツファニチャーアンドインテリア

古民家を改装したぬくもりあふれる雰囲気の店内には、デザイン性と実用性を兼ね備えた上質なアイテムが並ぶ。なかでも、各地の職人とのコラボレーションによって生まれた、オリジナルのペーパーウェイトが人気。

📞019-623-8000 🏠盛岡市菜園1-3-10 🕛12:00〜19:00 🈚水・木曜 🅿なし 🚉JR盛岡駅から徒歩15分 🗺付録② D-3

人気の小冊子「てくり」
「まちの編集室」が発行する盛岡のリトルプレス『てくり』。shop+space ひめくりなどで扱っているので、手に取ってみて。

土地に根ざす手仕事ものを紹介

shop＋space ひめくり

ショッププラススペースひめくり

中津川沿いのほとりにあるギャラリー＆セレクトショップ。岩手をはじめ、東北とゆかりのある作り手のクラフトや南部鉄器、漆器などを展示・販売。不定期でイベントや個展なども開催している。

📞019-681-7475 🏠盛岡市紺屋町4-8 ⏰10:30〜18:30 休水・木曜 Ｐなし ‼️バス停県庁・市役所前から徒歩5分 MAP付録② E-2

持ちやすく丈夫なプラム工芸の木のカトラリー 2200円〜

盛岡ツイードのコースター各1100円

種類豊富なzoetropeのラッピングペーパー各495円

左／岩手の自然が背景に感じられる、やさしい風合いの雑貨がいっぱい　右／やわらかな白を基調とした店の外観も素敵

キュートなグッズたちに夢中

hina

ヒナ

ハンドメイドの小物やステーショナリー、セレクト雑貨など、女子目線で選ばれたグッズはどれもかわいらしいものばかり。外国の切手シリーズやリトルプレスなど、ここでしか手に入らない貴重なアイテムも多い。

📞019-654-3277 🏠盛岡市開運橋通I-6 ⏰10:30〜19:00 休火曜 Ｐなし ‼️JR盛岡駅から徒歩8分 MAP付録② C-2

大人気の刺繍ブローチ。東家本店⇨P.64との限定販売品 pokefasu各3520円

人気のサルビアのふんわりくつした各種2310円

岩手の名産品がアイロンで接着できる「おいしいせかいのワッペン 岩手三兄弟」1100円

内装やディスプレイ、インテリアのひとつひとつにも注目

バスやレンタサイクルを利用しながら、1日かけてのんびり雑貨店めぐりをするのも楽しいですね。

どこかなつかしいカフェで
スローなひとときを過ごして

個性あふれる喫茶店やカフェが集う盛岡。
ゆるやかな時間の流れにのんびり身を任せつつ、
淹れたてのコーヒーを味わってみませんか。

本と音楽に囲まれて
のんびりカフェタイム

Donnyha
ダニーハ

シンプルながら計算された内装が目をひくカフェ。コーヒーと軽食のほか、スペイン料理やお酒もそろえている。棚にずらりと並ぶ本は、スタッフの蔵書やお客さんが持ち込んだもの。心地よい音楽とともに読書を楽しむのもおすすめ。

☎019-643-6412
🏠盛岡市青山4-45-5
🕐9:00〜21:30
㊡水曜 Ｐあり 🍴IGRいわて銀河鉄道青山駅から徒歩15分
MAP付録③ B-2

menu
ドリップコーヒー 380円
カフェコンレチェ 400円
クレマ・カタラナ 380円

上／ランチセット650円。ホットサンドも絶品　下／音楽好きの店主が集めたレコードがいっぱい

中津川のほとりにたたずむ
老舗の喫茶店

ふかくさ

開け放った窓から入り込む風と日差しを感じられる、窓際のテーブル席が人気。晴れた日は用意されているテラス席で、コーヒー片手にくつろぐこともできる。つたが絡まりどこか幻想的な雰囲気が漂う外観は、中津川の美しい風景にぴったり。

☎019-622-2353
🏠盛岡市紺屋町1-2 🕐11:30〜20:00（日曜、祝日は〜17:00）
㊡不定休
Ｐなし 🍴バス停盛岡バスセンターから徒歩5分
MAP付録② E-3

menu
ウインナーコーヒー 500円
紅茶 450円
生ビール 500円

上／コーヒー 450円はすっきりとした後味　下／店内には手作りの装飾もちらほら

盛岡／どこかなつかしいカフェ

店主のこだわりが光る 隠れ家カフェでひと息

NOTE
ノート

クローズタイムがなく、いつでも気ままにコーヒーや食事を楽しむことができるカフェ。「人との出会いやつながりが生まれる場に」という店主の思いから、趣味を通じて客同士が仲良くなれるユニークなイベントやさまざまな活動を開催。

☎019-613-2085
🏠盛岡市内丸5-2 2F ⏰12:00～15:00、17:00～21:30 🈲火曜、不定休 ℙなし 🚌バス停県庁・市役所前からすぐ 🗺付録② D-2

上／手作りのケーキセット600円～ 下／壁にはたくさんの素敵な写真が飾られている

厳選した生豆を自家焙煎 こだわりの一杯を味わう

クラムボン

店内に入ると豆を炒った香ばしい独特の匂いに包まれるレトロな喫茶店。厳選した生豆を自家焙煎した深煎りコーヒーと手作りのカスタードプリンを一緒に楽しむのもおすすめ。深入りをメインに鮮度のいいコーヒー豆も販売している。

☎019-651-7207 🏠盛岡市紺屋町5-33 ⏰11:00～15:30（豆の販売は10:00～17:00）🈲日曜、水、第1・3・5木曜 ℙなし 🚌バス停県庁・市役所前から徒歩5分 🗺付録② E-2

上／ミキサーで砕いたクルミを練り込んだプリンセット800円 下／コーヒーは常時12～13種類用意

コーヒー好きが多いといわれる盛岡人。そのためか、自家焙煎の豆を販売している喫茶店がたくさんありますよ。

実はパンの名店が多いのです
盛岡のベーカリー

盛岡を散策していると、ベーカリーが多いことに気づきます。
昔懐かしいコッペパンもあれば、ハード系も充実。
個性あふれるベーカリーを訪ね歩き、お気に入りを見つけて。

手ごねひとすじのふっくらパン

盛岡人の不動のソウルフード

食パン 1本950円／創業以来の変わらぬ定番がこちら。生地のコシが強くトーストして食べれば小麦のうまみがさらに引き出される

くるみボストン ½本410円／山型のパンの中にはくるみがたっぷり。そのまま食べるのもおすすめ。レーズンタイプや、ごまタイプもある

あんバター 176円／福田パンといえばこれ。甘めのなめらかなこし餡と、バターの風味がお互いを引き立て合う飽きないおいしさ

オリジナル野菜サンド 432円／新鮮なトマト、キャベツ、ピーマンをサンドしたヘルシーパン。ハンバーグやツナなどもトッピングOK

レーズンパン ½本345円／カリフォルニアレーズンをたっぷり使用した、甘酸っぱい風味のパン。食感はややどっしりで食べごたえあり

ブラザーパン 615円／バターロールの生地と、カラメル入りの黒パンを縄のようにツイスト。サンドイッチにすると切り口がきれい

キーマカレー 356円／甘めのカレールーに、ジャガイモがゴロゴロ入ったポテトサラダがマッチ。食べ盛りの高校生に人気

ピーナツバター 158円／香ばしくまったりとしたピーナツとバターのゴールデンコンビ。シンプルな組み合わせなだけに、おいしさが際立つ

横澤パン

よこざわパン

小麦粉に少量の水と塩、そして人の力でこねることでグルテンを引き出したパンは、ふっくらとした食感と歯ごたえが抜群。常時約10種類がそろい、こしが強いバターロールや、ほんのり甘いミルクパンもある。

☎019-661-6773 🏠盛岡市三ツ割1-1-25 🕐9:00〜19:00 🈁日曜、祝日 Ⓟあり
🍴JR上盛岡駅から徒歩10分
🅼🅰🅿付録③ B-2

福田パン本店

ふくだパンほんてん

木造校舎風の店内では、オーダーしたその場で好きな具材を挟んでくれる。常時約40種類以上とメニューが豊富。大きなサイズのふわふわのコッペパンなので、食べごたえも充分。良心的な価格も人気の秘密。

☎019-622-5896 🏠盛岡市長田町12-11 🕐7:00〜17:00（売切れ次第終了）🈁火曜 Ⓟあり
🍴JR盛岡駅から徒歩10分
🅼🅰🅿付録② B-1

盛岡／盛岡のベーカリー

種類豊富な食事パンが充実

プレーンベーグル 248円／ふわふわ&モチモチのソフト系ベーグル。クリームチーズやサーモン、アボカドのサンドイッチにもおすすめ

りんご&クリームチーズ 194円／ごろっと大きめのリンゴのコンポートに、クリームチーズがベストマッチ。噛んだ時のジューシーさがたまらない

田舎あんぱん 172円／ほっくりおいしい北海道の小豆100%を使用した餡は、甘さを抑えた生地と相性抜群。幅広い世代に人気の一品

フロッケンセサム ½本442円／くるみとレーズン入りの生地の周りにゴマがびっしりのライ麦パン。そのまま薄くスライスして食べるのもいい

自家製酵母の香ばしいパン

パン・ド・ミ 880円／北海道産の小麦と自家製の酵母、塩のみで作るシンプルな食パン。厚切りにしてトーストするのがおすすめ

チャバタ 330円／有機オリーブオイルを練り込んだ食事パン。皮は薄く、歯切れがよい。県産小麦のもち姫を配合し、中はもちっとした食感

カンパーニュ 1700円／石臼挽きの全粒粉を配合した田舎パン。自家製の酵母を3種類使用し、長時間発酵させている。香り高くくちどけもよい

ブール 390円／丸い形のフランスパン。歯ごたえのある皮に対して、水分を多く含んだ中身はしっとりとした食感に仕上がっている

ベッカライベルク

ドイツパンを中心にカンパーニュ、ライ麦パンなど常時20〜30種類のパンを品ぞろえ。曜日により限定品もある。人気のベーグルは、その場でスライスしてクリームチーズをサンドしてくれるサービスがうれしい。

☎019-624-0151 🏠盛岡市材木町8-21 グリーンキャピタル1F
🕐10:00〜18:00 🈡日曜
🅿なし
‼JR盛岡駅から徒歩10分
MAP付録② A-1

穀
こく

国産小麦と3〜4種類の自家製酵母を使ったパンは滋味深い味。小麦とライ麦の全粒粉は、有機玄麦を仕入れて店内で製粉し、レーズンやクルミ、イチジクなどのドライフルーツは、有機認証を取得したものを使う。

☎なし
🏠盛岡市菜園1-6-9 第10菱和ビル1F 🕐12:00〜13:00
🈡日・月・火・水曜 🅿なし
‼JR盛岡駅から徒歩15分
MAP付録② C-3

盛岡市民のソウルフードと呼ばれる「福田パン」は、岩手県内のスーパーマーケットでも買える。

つるつるシアワセ
盛岡冷麺をいただきます

もっちりと弾力のある麺にコクと深みのあるスープ、
そしてピリッと効くキムチが絶妙なバランスを織りなす盛岡冷麺。
一度味わえばクセになりそう。

ビギナーからツウまで
とりこの有名店

ぴょんぴょん舎 盛岡駅前店
ぴょんぴょんしゃもりおかえきまえてん

盛岡市内に4店舗、関東や仙台にも店舗を構える。麺は注文を受けてから製麺するためコシが抜群。スープまでじっくり味わって。観光客からも人気で、お持ち帰り用冷麺やギフトセットの販売があるのもうれしい。

↑盛岡冷麺935円
↓店内は250席もあり広くて開放的

☎019-606-1067 🏠盛岡市盛岡駅前通9-3 🕐11:00～23:00 🈲無休 🅿なし
🍴JR盛岡駅からすぐ
🗾付録②B-2

盛岡の玄関口でいただく
こだわりの冷麺

盛楼閣
せいろうかく

3日以上かけて、ていねいに作ったスープ、日によって微調整を行なう麺打ち、辛さと歯ごたえを追求したキムチ……と、職人さんたちの技が光るこだわり満載の冷麺。極上の焼き肉とともに楽しみたい一杯。

↑盛楼閣冷麺1000円
↓個室もあり、くつろぎながら食事ができる

☎019-654-8752 🏠盛岡市盛岡駅前通15-5 GENプラザ2F 🕐11:00～24:00
🈲無休 🅿なし 🍴JR盛岡駅からすぐ
🗾付録②A-2

明治32年創業の精肉店
直営焼肉店が生む深い味わい

肉の米内
にくのよない

前沢牛指定店が作るすべて手作りの冷麺は、わずかに白っぽいスープが特徴。前沢牛をじっくり煮込んだスープとキリリと冷えた歯ごたえ充分の麺、オレンジがかった色合いの特徴あるキムチとの相性は抜群。

↑冷麺1000円
↓店内では前沢牛の焼肉も楽しめる

☎019-623-2983 🏠盛岡市紺屋町5-31 🕐11:30～15:00、17:00～22:30（土・日曜、祝日は11:30～22:30） 🈲第2・4木曜 🅿あり 🍴バス停上の橋から徒歩5分 🗾付録②E-2

自分で作って自分で食べたい♪
「盛岡手づくり村」内にある「ぴょんぴょん舎 冷麺工房」では、冷麺の生地作り体験ができます（要予約）。**MAP** 付録③ B-2

清涼感のあるスープが魅力
盛岡冷麺発祥の店

食道園
しょくどうえん

平壌の流れをくむこの店の冷麺は、開店当時から半世紀、変わることない職人のこだわりが感じられる。元祖の名にふさわしく、牛骨と牛肉、鶏ガラからていねいに作られたスープが、のどごしのいい麺にからむ逸品。

↑平壌冷麺1000円
↓落ち着いた雰囲気の店内

📞019-651-4590 🏠盛岡市大通1-8-2
🕐11:30〜15:00、17:00〜23:00(日曜、祝日は〜21:00) 休第1・3火曜 Pなし 🚏バス停中央通一丁目から徒歩5分 **MAP** 付録② C-2

地元ファンに愛される
奥深い老舗の味

大同苑
だいどうえん

1965(昭和40)年創業の老舗。牛すじ、牛骨、鶏ガラなどをじっくり煮込んで作ったスープ、太めでつるりとした食感のある麺、おいしい自家製キムチが織りなす冷麺は、地元ファンが多いことで知られる。

↑冷麺1089円
↓繁華街にあり、深夜まで冷麺が味わえる

📞019-654-5588 🏠盛岡市菜園2-6-19
🕐11:00〜21:30 休無休 Pなし 🚏バス停柳新道からすぐ **MAP** 付録② C-2

お作法とコツ入門
1. まずはキムチを入れずにだしの旨味を味わってみましょう。
2. 少しずつキムチをスープに溶かし、好みの辛さに調えましょう。
3. ゆで卵の黄身を溶かすか酢を加えればまろやかに。
4. 季節の果物をどのタイミングで食べるかはお好みでどうぞ。

歴史
朝鮮半島北部生まれの冷麺。1954(昭和29)年、盛岡に移住してきた青木輝人さんが「食道園」をオープンさせる際、辛みのない平壌冷麺と青木さんの故郷・成興(ハムフン)の辛みのある冷麺をミックスして作ったのが始まりです。これが評判をよび、次第に冷麺を出す焼き肉店や食堂が増加。いつしか盛岡は冷麺の町となりました。

スープ 牛肉、牛骨、鶏ガラをベースにじっくりと煮込んで作ったスープは、いくぶん甘みさえ感じるほどコクがたっぷり。

麺 小麦粉やデンプン、ライ麦、酒粕などが原料。透明感のある見た目で、口に入れるとコシの強い歯ごたえ。

具 白菜や大根のキムチ、ゆで卵、酢漬けのきゅうりが基本。店によっては季節の果物、白ごま、きざみねぎなどをトッピング。

いずれも焼き肉屋さんですが、冷麺のみの注文でももちろんOKですよ。

盛岡三大麺を制覇したい
わんこそば＆じゃじゃ麺にも挑戦

伝統的な振る舞い食のわんこそば、
いまや盛岡庶民派グルメ代表格のじゃじゃ麺。
せっかくだから盛岡三大麺を全部食べちゃいましょう。

給仕の掛け声で何杯も食べられてしまう "わんこそば"

つゆ
100年以上伝わる秘伝のかえし。つゆを飲みすぎないように注意

薬味
刺身やなめこおろし、とりそぼろなど。薬味で味を変えながら楽しんで

わんこそば 3900円〜
南部地方の風習行事「そば振る舞い」が原点では、といわれている

そば
わんこそば専用のそばを毎朝製造。ツルリと喉ごし良く食べられる

南部のそば料理を守り伝えるそば店

東家本店 あずまやほんてん

1907（明治40）年創業。趣ある町並みに建つ商家造りの店舗ののれんをくぐると、明るいお給仕さんの声が聞こえてくる。「はい、じゃーんじゃん」という掛け声を楽しみながらいただくわんこそばは、ひとりから楽しめる。100杯以上食べれば証明手形を発行。

♪0120-733-130
⌂盛岡市中ノ橋通1-8-3
⏰11:00〜15:00、17:00〜19:00 ㊡第1水曜 Ⓟなし
‼盛岡バスセンターから徒歩3分 MAP 付録② E-3

お作法
☑前掛けをして給仕さんの説明を聞く
☑給仕さんのかけ声にあわせ、食べ進める
☑食べた杯数はマッチや重なった椀の数でカウント
☑蓋を閉めたらごちそうさまの合図

本店は宮沢賢治が足繁く通ったそば処

やぶ屋 フェザン店 やぶや フェザンてん

地元産・岩手早生のそばを挽きぐるみにして打つニハそばは、香り高くなめらか。1923（大正12）年の創業以来引き継ぐかえしは、本枯節と昆布のだしがよくきいている。フェザン店限定で、手軽に体験できる「10杯お試しわんこそば」（1650円）もある。

わんこそば（食べ放題）3800円

♪019-654-7689 ⌂盛岡市盛岡駅前通1-44 フェザン本館B1階 ⏰11:00〜21:30 ㊡フェザンの休みに準じる Ⓟあり ‼JR盛岡駅構内 MAP 付録② A-2

盛岡ならではのおもてなしの心

初駒本店 はつこまほんてん

盛岡八幡宮前で1960（昭和35）年の創業以来変わらぬ人気を博してきた店。「わんこそば」の食べ放題は3コース。また気軽さが人気の30杯コース（2200円）もある。3階には庭付きの個室もあり、仲間同士でわいわい楽しみながら味わうのもおすすめ。

わんこそば食べ放題梅コース3550円〜（要予約）

♪019-651-7184 ⌂盛岡市八幡町10-21 ⏰11:00〜15:00（夜は要予約）㊡不定休 Ⓟあり ‼JR盛岡駅から車で10分 MAP 付録③ B-2

じゃじゃ麺を食べるときは…
じゃじゃ麺は注文を受けてから麺を茹でる
スタイルのお店が多いので、時間に余裕を
持ってでかけるといいですよ。

「白龍（ぱいろん）」の初代が中国の炸醤麺（ジャージャン）を再現したのがはじまり "じゃじゃ麺"

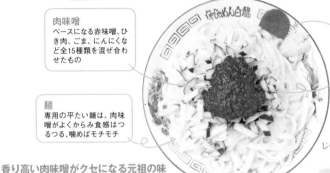

肉味噌
ベースになる赤味噌、ひき肉、ごま、にんにくなど全15種類を混ぜ合わせたもの

具材と薬味
刻んだきゅうりとネギでさわやかな味わいに。薬味の紅しょうがやおろししょうがはお好みでまぜて

麺
専用の平たい麺は、肉味噌がよくからみ食感はつるつる、噛めばモチモチ

じゃじゃ麺小盛　600円〜

香り高い肉味噌がクセになる元祖の味

白龍 ばいろん

専用のモチモチの平うどんと肉味噌の味わいがからみ、一度食べたらやみつきになると評判の「じゃじゃめん」。ごまやにんにく、ひき肉など15種類の材料を加えて炒め、香りを引き出した赤味噌の味わいは、麺を食べたら茹で汁を加えてちいたんたん（50円）まで楽しんで。

☎019-624-2247 🏠盛岡市内丸5-15 🕘9:00〜20:45（日曜は11:30〜16:00）㊡日曜不定休 🅿なし 🚌バス停県庁・市役所前からすぐ MAP付録② D-2

お作法
☑提供されたら肉味噌を素早く混ぜ合わせる
☑好みで酢やラー油を加えてお好みの味に
☑食べ終えたら、器に卵と麺の茹で汁を入れ混ぜ、特製スープ「ちーたんたん」をいただきます

ごまたっぷりの特製味噌がおいしい

盛岡じゃじゃめん もりおかじゃじゃめん

「じゃじゃめんを普及させたい」とイートインもテイクアウトもOKのファストフード感覚が人気を呼んでいる店。1989（平成元）年の創業以来、変わらぬ味が人気で、ごまの風味とまろやかな食感の特製味噌が自慢。家族連れなど幅広い層が訪れる。

盛岡じゃじゃめん（中）550円

☎019-623-9173 🏠盛岡市神明町4-20　盛岡駐車場ビル1F 🕘11:30〜16:00 ㊡水・日曜 🅿あり 🚌盛岡バスセンターからすぐ MAP付録② E-3

にんにく控えめだから女性にも人気

香醤 大通店 こうじゃんおおどおりてん

メニューはじゃじゃ麺とチータンのみの専門店。専門店ならではのこだわりある食べ方は、自家製青唐辛子と麹の一升漬けをプラスするというオツなもの。ほかとはひと味違ったじゃじゃ麺を楽しむことができる。

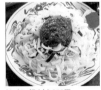

じゃじゃ麺（中）650円

☎019-626-2336 🏠盛岡市大通2-4-18 🕘12:00〜翌1:30（閉店）、金・土曜は〜翌2:00（閉店）㊡日曜 🅿なし 🚌バス停中央通一丁目から徒歩5分 MAP付録② C-2

どちらも単なる食事ではなく、作法を楽しんで味わえるのがおもしろいですね。

岩手の地酒と旬味を愉しめる居酒屋で夜ごはんを

岩手は南部杜氏のふるさとです。
県内には大小多くの蔵元があり、お酒の個性もさまざま。
三陸の魚介や名物肉料理とともにおいしいひとときをどうぞ。

1 看板メニューの辛美味ももどり 1199円。10種類以上のスパイスでピリ辛に仕上げているジューシーな逸品 2 手ごろな料金で地元客にも人気。岩手の旬の味を楽しんで

名物のももどりや自家製豆腐で一杯
ももどり駅前食堂
ももどりえきまえしょくどう

春の山菜や秋のきのこなど旬の素材を使った郷土料理が味わえる。旬魚や肉料理などのメニューも豊富。なかでも鶏もも肉を丸ごとジューシーに焼き上げた、スパイシーなももどりが店の看板メニュー。

📞019-654-6622
🏠盛岡市盛岡駅前通10-4
🕐11:00〜22:00
㉻無休 Ｐなし
🍴JR盛岡駅から徒歩5分
MAP付録② B-2

ことりの地酒リスト

フルーティーで飲み口のよいさわやかな純米酒。

AKABU 純米酒
グラス858円

県産大豆を使用した自家製の豆腐も評判。なかでも人気なのが自家製豆腐の厚揚げ968円

厳選地酒で味わう新鮮地場産品
☑ mass 〜かまどのある家・酒をよぶ食卓〜
マスかまどのあるいえさけをよぶしょくたく

ことりの地酒リスト

女性杜氏が造る辛口極上酒。ふくよかな香りが評判。

月の輪
一合680円

かまど炊きの米もおいしいと人気。コースの〆には塩むすびが出る

岩手県をはじめ、全国の銘酒をそろえる居酒屋。契約農家が育てる米や野菜、三陸の旬魚や佐助豚などの食材を生かしシンプルに調理。「おまかせコース」で、そのおいしさを堪能できる。

📞019-651-1510 🏠盛岡市内丸5-3 🕐11:30〜14:00、17:30〜22:00、土曜は〜16:00〜、日曜は〜15:00〜 ㉻無休 Ｐなし 🍴バス停県庁・市役所前からすぐ
MAP付録② D-2

1 おすすめのおまかせコース2000円（14:00〜）。刺身や煮込みなどの酒肴がずらりと並ぶ。日本酒との相性が良い考えられたメニュー
2 1階にはテーブルと小上がり、2階には座敷もある。

盛岡市内に3つの酒蔵

盛岡は湧き水の多い、水がきれいな街。今も「あさ開」「菊の司」「桜顔」という3つの造り酒屋が、おいしい地酒を造っています。

盛岡／居酒屋で夜ごはん

1女性に好評な鶏の水炊き2200円（2人前）。鶏肉の旨みが鍋いっぱいに広がり、野菜にも味が染みる
2太い梁をめぐらした和モダンな雰囲気の店内でゆっくりくつろげる

肉汁がジワ〜ッとあふれる名物鶏料理

炭火焼きとり好古 大通店

すみびやきとりよしふるおおどおりてん

鶏肉はもちろんのこと、食器や炭まで岩手県産にこだわった鶏料理の専門店。主に使われている銘柄鶏は菜彩鶏。味が濃く大ぶりで旨みもたっぷり。野菜も一緒に食べられる水炊きは、特に女性に人気。

📞019-629-3343 🏠盛岡市大通2-7-26 杉山ビル2F 🕐17:00〜24:00 休日曜 P なし 🚌バス停菜園川徳前から徒歩5分 MAP 付録② C-2

ことりの地酒リスト

淡麗な「南部美人上選」は鶏料理にぴったり。

南部美人上選
1.5合800円

好古もり（てば・はさみ・もつ・つくね）900円　焼き鳥の中でも、特に人気は手羽先。外はパリパリ、中がジューシーに焼けている

╲ ここも行きたい、地元の愛され喫茶 ╱

column

盛岡で愛される味「ア・ラ・モンタン」

東大通りのスパゲティ屋 モンタン

ひがしおおどおりのスパゲティやモンタン

昭和34（1959）年に盛岡市の大通にオープンした喫茶「モンタン」。店主がまかない用としてつくったというのが、熱々のトマトスープのスパゲッティ「ア・ラ・モンタン」。ガラス製の器にたっぷりと太麺のスパゲッティを盛りつけていて、それをスパイスの効いたピリ辛のトマトスープで味わう。麺の上には粉チーズがかけられていて、辛さをほどよくマイルドにしてくれる。

📞019-654-0857 🏠盛岡市内丸6-2
🕐10:30〜20:00、土・祝日は10:00〜19:00 休日曜
🚌バス停県庁・市役所前下車徒歩すぐ MAP 付録② D-2

1名物のア・ラ・モンタン880円
2盛岡城跡公園のすぐ近くにある
3清々しい雰囲気の店内では、ゆっくりとカフェタイムも楽しめる

老舗蔵元の「あさ開」では、酒蔵の見学を通年行なっています。 MAP 付録③ B-2

盛岡旅の夜に一杯
ふらり立ち寄れるバー＆ワインバー

オーセンティックなピアノバーやカジュアルなワインバー、
醸造所が直営するビアバーなど、盛岡の夜の立ち寄り処は
ラインナップ豊富。さて、今宵はどこで飲みましょうか。

menu
つぶ貝のブルゴーニュ
1100円
スモークサーモン1000円
切り出しチーズ1300円〜

1ピアノ曲のリクエストができる **2**数百種あるカクテルは900円〜 **3**三陸産のつぶ貝を使ったブルゴーニュは、創業時からの人気メニュー。パンにつけてめしあがれ

ピアノの音色が静かに流れる大人のバー

にっか亭 にっかてい

「日課のように来てもらいたい」そんな理由からこの店名にしたという1977(昭和52)年創業の店。ピアノを聴きながらライブ感を楽しみたい人は1階で、静かに飲みたい人は2階のテーブル席でゆっくり。

📞019-624-6834 🏠盛岡市大通2-6-25 🕐19:30〜翌2:30 ㊡日曜（連休の場合は最終日）Ｐなし 🍴バス停柳新道から徒歩4分 **MAP**付録② C-2

ビストロ料理とワインの小さな食堂

muramatsuri ムラマツリ

路地裏にたたずむレストラン。居心地のいい空間で味わえるメニューは、ステーキを中心としたビストロ料理。焼きたてキッシュや自然派ワインも楽しめる。

📞019-651-0266 🏠盛岡市大通1-5-3 中村ビル1F 🕐18:00〜21:30（日曜は17:30〜21:00）㊡月曜 Ｐなし 🍴バス停盛岡城跡公園から徒歩5分 **MAP**付録② D-2

menu
そうざいの盛り合わせ1620円
2種のグリエステーキ3300円
ドリンク3杯セット2200円

1ジャズの音楽と肉の焼ける音が店内に響く **2**メインの肉料理には旬の県産野菜が添えられている **3**ワインが種類豊富にそろう

ベアレン醸造所を見学
赤レンガ造りのクラシックなベアレン醸造所では、試飲付きの工場見学ができます（要予約）。☎019-606-0766。MAP付録③ B-2

本場ドイツを思わせるビアバー

ビアバー ベアレン中ノ橋
ビアバーベアレンなかのはし

岩手のブルワリーベアレン醸造所の直営店。工場直通の樽生ビールのほか、本場ドイツ仕込みの濃厚な味わいのソーセージや地元食材を使ったフードメニューも人気。

☎019-651-6555 ⌂盛岡市中ノ橋通1-9-22 盛岡バスセンター東棟2F ⏰17:00 ～ 23:00（土・日曜、祝日は15:00 ～）休無休 P なし ‼バス停盛岡バスセンターからすぐ MAP付録② E-3

menu
白金豚骨付きロースのグリル
2800円
ベアレンクラシック800円
岩手ワイン グラス1000円〜

■ゆっくり料理を楽しめる温かみのある店内 ■稀少な短角牛のステーキ（100g〜）4500円〜 ■ジェノヴァ仕込みの本格派日本一のジェノヴェーゼ1800円

岩手の食材を使ったイタリアン

Neuf du Pape ヌッフデュパプ

松橋ひらくシェフによるイタリアンのお店。稀少な短角牛をいつでも味わえる。岩手県産の旬の食材をふんだんに使ったイタリア料理と、ワインとのペアリングを堪能できる

☎019-651-5050 ⌂盛岡市大通1-7-15 パーセル大通101 ⏰18:00〜24:00 休火曜 P なし ‼バス停岩手県庁から徒歩5分 MAP付録② C-2

menu
ポールスターファームのソーセージ（1本）320円
岩手県産タラフライ
550円
ベアレンビール各種
グラス580円、ジョッキ700円、マスジョッキ1400円

■カウンター席とテーブル席がある ■常時6種類の樽生ビールがそろう ■ネギトロとアボカドのタルタル400円などビールに合うフードも人気

盛岡の繁華街といえば大通周辺です。大小さまざまな飲み屋さんがあるので気軽に立ち寄ってみましょう。

ここでしか出会えないアートに触れる
コレクション自慢のミュージアム

岩手には郷土ゆかりの作家たちの作品や、
森を歩きながら現代彫刻を楽しめる美術館などがあります。
鑑賞したあとは、余韻にひたりつつのカフェタイムが楽しみ。

1西側エントランス **2**ゆるやかなカーブを描く壮大な空間のグランド・ギャラリー **3**常設展示室。郷土作家の作品を中心に展示 **4**2階奥の展示室で萬鐵五郎の作品を常設展示 **5**名品と名高い椅子に座れるラウンジ

緑の中で心を潤す作品に出会う

岩手県立美術館 ‖盛岡‖ いわてけんりつびじゅつかん

花巻市東和町出身の萬鐵五郎、盛岡市で少年期を過ごした松本竣介、彫刻家の舟越保武をはじめ、岩手にゆかりのある作家の作品を中心にコレクションしている美術館。世界的に有名な作家たちの企画展も行なわれるほか、ワークショップや上映会など美術を楽しむためのさまざまな体験型イベントを開催している。

📞019-658-1711 🏠盛岡市本宮松幅12-3 🕘9:30〜18:00
㊡月曜(祝日の場合は開館、翌日休) ¥460円(企画展観覧料は別途) Ｐあり 🚌バス停県立美術館前からすぐ MAP付録③ B-2

🐦 ここでおみやげ探し

ミュージアムショップ ガレリーナ

企画展関連グッズや海外のミュージアムグッズなど個性豊かな商品を販売。県内作家の作品なども並ぶ。

白を基調にした明るい店内

ショップ 📞019-658-1230
🕘10:00〜17:00(土・日、祝は〜18:00) ※企画展開催中のみ営業

アートミニボックス
各385円

ミュージアム、ここもおすすめ
地質や考古、歴史、民俗、生物などのテーマから岩手を紹介する岩手県立博物館（☎019-661-2831）MAP付録③ B-2も見ごたえがありますよ。

■1三沢厚彦のブロンズ彫刻《Animal 2018-03B(カモシカ)》 ■2山頂で待つ《Bird2020-01B(ミミズク)》三沢厚彦 ■3姫神山を眺める《Animal 2017-03B2(シロクマ)》三沢厚彦 ■4園内の空の広場に広がるラベンダー畑。6月下旬から7月上旬が見頃 ■5《Swing in the Air 2020》西野康造 ■6道の駅 石神の丘に隣接

花の森を散策しながら出会う現代彫刻作品

石神の丘美術館 ‖岩手町‖ いしがみのおかびじゅつかん

ゆるやかな傾斜がある「花とアートの森」を、散策しながら彫刻や花が観賞できる野外美術館。動物モチーフの作品や、その日の風によって形を変える躍動感ある彫刻などを展示。美術館の隣にある道の駅で地元のおいしいものをテイクアウトして、彫刻を眺めながらピクニックするのもおすすめ。

☎0195-62-1453 ⌂岩手町五日市10-121-21 ⏰9:00～16:30 休月曜（祝日の場合は翌日休）¥500円（11～3月は300円）Pあり ‼JR・IGRいわて銀河鉄道いわて沼宮内駅から徒歩10分 MAP付録③ C-1

ここでランチ＆ティータイム

道の駅 石神の丘
みちのえきいしがみのおか

国内でも数少ない野外彫刻美術館がある道の駅。併設の産直施設には野菜や山菜などが並ぶ。レストランは地元食材を使用したメニューが豊富。

姫神山が見えるレストラン

ブルーベリー
ビーフカレー
850円

道の駅 ☎0195-61-1600 ⌂岩手町五日市10-121-20 ⏰9:00～18:00（レストランは10:30～17:30）MAP付録③ C-1

石神の丘美術館ではラベンダーやアジサイ、スズランなど100種類以上の草花が季節ごとに楽しめます。

盛岡から30分の癒やしスポット
小岩井農場

岩手山を背景に、緑美しい牧草地が広がります。
小岩井農場の歴史に触れたり、乗馬を体験したり、名物グルメを楽しんだり。
ゆったりした心で自然の中で過ごしてみてはいかが。

上丸牛舎では歴史的建造物に暮らす牛たちの様子を見学できる

小岩井農場の成り立ち

1891（明治24）年、小野義眞、岩崎彌之助、井上勝の3人が創業した日本最大級の民間総合農場。小岩井の名は3人の頭文字から取ってつけられました。東京ドーム約640個分という3000haほどの広大な敷地を有し、ここで育まれる小岩井乳製品は全国的なブランドとして知られています。

小岩井農場 こいわいのうじょう

小岩井農場内にある観光エリアまきば園。乗馬やアーチェリーなどのほか、アトラクションやガイドツアーなども楽しめる。農場ならではのおいしい乳製品や小岩井ブランドのおみやげ選びも楽しみのひとつ。

📞019-692-4321 🏠雫石町丸谷地36-1 🕘9:00〜17:30（施設・季節により異なる）🈺無休（冬季施設点検のため休業あり）
💴入園料800円 🅿あり 🚌バス停小岩井農場まきば園からすぐ
📍付録③ B-2

小岩井農場へ

車なら盛岡から国道46号を秋田方面へ。繋十文字の信号交差点を右折。どんどん農場風景に変わっていく道を進めば、まきば園へ到着。

夏に開催されるホタルウォッチングでは、農場内の沢に生息するホタルを観賞できる

4月下旬に見ごろになる小岩井農場の一本桜

小岩井農場の一本桜
岩手山を背景に凛と立つ一本桜。約100年前に暑さが苦手な牛の「日陰樹」として植えられました。 MAP 70

乗馬 じょうば

一周およそ110mの乗馬コースを、スタッフがゆっくりと引いてくれるので安心。乗馬ならではの視線の高さとリズムを体感して。
ⓒ4月下旬～11月下旬
￥馬・ポニー 800円

おすすめプログラム&レストラン

ファームトラクターライド

トラクターがけん引する客車で通常非公開の森林エリアをガイドが案内。小岩井農場の雄大な自然を体感できる。
ⓒ4月下旬～11月上旬
￥1000円

炭火焼BBQガーデン
すみびやきビービーキューガーデン

屋根付きの屋外レストランで炭火焼きの醍醐味を楽しめる。農場産の牛肉やジンギスカンメニューを楽しめる。
ⓒ小岩井農場に準じる
㉡無休

おすすめmenu
小岩井プレミアムBBQプレート　12000円

まきばのクラフト教室
まきばのクラフトきょうしつ

小岩井農場の羊毛や木材を使って工作体験。オリジナルキットも用意しているので気軽に体験できる。さまざまなパーツで自分だけの思い出を作れる。
ⓒ小岩井農場に準じる
￥1000円～

小岩井ウィンターライツ銀河農場の夜
こいわいウィンターライツぎんがのうじょうのよる

冬の小岩井農場を彩るイルミネーション。澄んだ星空とイルミネーションを一緒に観賞。
ⓒ11月下旬～1月中旬
￥無料

山麓館レストラン
さんろくかんレストラン

農場産の食材を活かしたメニューが味わえるレストラン。小岩井牛4種を食べ比べできるプレートは定番人気。
ⓒ小岩井農場に準じる

山麓館売店 さんろくかんばいてん

園内の売店には、小岩井のおみやげがいっぱい。定番の乳製品もいいけれど、かわいいぬいぐるみ付エコバッグや農場限定販売のグッズなどはいかが。
ⓒ小岩井農場に準じる

おすすめお土産
小岩井ぺこっこ　　　　2500円
ぬいぐるみ付エコバッグ　1900円

季節の植物や生き物などを観察するイベント「小岩井の森を歩こう」も開催。時期や時間は問い合わせを。

心も体もあたたまる 盛岡・雫石の宿

盛岡から小一時間という近さにあって、そのうえ効能も雰囲気も抜群。
豊富に湧き出る湯、こだわりの料理といっしょに
季節の彩りも楽しみましょう。

1 美肌の湯として評判の高い温泉を石造りの露天風呂で満喫 2 吟味された食材から生まれる華やかな極上会席 3 中庭を望む大浴場 4 和風の落ちついた外観

盛岡の奥座敷にたたずむ彩りの宿

四季亭 ∥盛岡・つなぎ温泉∥ しきてい

緑と季節の花々に彩られ風情が漂う。料理のよさにも定評があり、月替わりの献立は吟味された素材を使った会席料理。温泉は硫黄を含んだアルカリ性で、湯あたりが抜群にいい。

♪019-689-2021
⌂盛岡市繁湯の館137
⌚IN15:00 OUT10:00
🛏22 ￥1泊2食付19950〜
60650円 Pあり ♨バス停
つなぎ温泉から徒歩10分
MAP付録③ B-2

部屋から見える庭園も見事

夜間はライトアップされる南部曲り家「赤松の湯」

御所湖を望む露天風呂が自慢

ホテル紫苑

‖盛岡・つなぎ温泉‖ ホテルしおん

源泉かけ流しの湯が楽しめる「南部曲り家の湯」や最深部が90cmもある露天風呂「大岩の湯」など、個性あふれる風呂に浸かりゆったりくつろげる湯宿。

☎019-689-2288
🏠盛岡市繋湯の館74-2
⏰IN15:00 OUT10:00 🛏127
¥1泊2食付16650円〜 🅿あり
🚌バス停つなぎ温泉から徒歩10分/JR盛岡駅から送迎バスあり/要予約 MAP付録③ B-2

宿泊プラン
南部曲り家会席プラン
1泊2食付14190円〜
岩手の山海の幸が味わえる人気のプラン。
※プランは内容変更の可能性あり

香りのいい檜風呂

癒しのひとときを与えてくれるホテル

ホテル森の風鶯宿

‖雫石・鶯宿温泉‖ ホテルもりのかぜおうしゅく

館内に一歩足を踏み入れれば、高級感漂う優雅な雰囲気。とりわけ女性に人気の宿で、岩手山を見晴らす眺望抜群の空中露天風呂や広々とした入浴場がおすすめ。

☎019-695-3333
🏠雫石町鶯宿10-64-1
⏰IN15:00 OUT10:00 🛏200
¥1泊2食付20900円〜
🅿あり 🚌JR盛岡駅から車で30分/JR盛岡駅から送迎バスあり/要予約
MAP付録③ B-2

宿泊プラン
露天風呂付客室「四季彩」
1泊2食付35200円〜
こだわりの空間とかけ流し露天風呂が楽しめる極上プラン。朝夕ともに専用のメニューが用意されている。

「四季彩」人気の露天風呂

1ベッドはエアウィーヴのマットレスを使用。上質な眠りが期待できる 2鶯宿温泉を代表する大型ホテル 3ほっとくつろげる広い造りの和室

盛岡・雫石／盛岡・雫石の心も体もあたたまる宿

「ホテル森の風鶯宿」の敷地内にある「フラワー&ガーデン森の風」というガーデニング公園は、散策におすすめ。

天然の温熱浴で大量の汗をかいてデトックス

大浴場はヒバ造り。浴槽ごとに源泉濃度が異なる

木造りの大浴場は箱蒸し風呂や泥風呂など7種類の湯が楽しめる

湯治湯の風情を残す一軒宿

秋田と岩手の県境

大地の息吹を感じます

八幡平の秘湯を訪ねて

八幡平エリアの温泉は個性豊か。
高地に湧く湯や湯治場など
秘湯ムードが漂います。

春の風物詩「雪の回廊」

5月中旬から6月中旬に鏡沼に現れる「八幡平ドラゴンアイ」

日の出や星空、夕焼けを眺め湯浴み

岩手山を望む混浴露天風呂。宿泊者専用の女性露天風呂もある

A 玉川温泉
たまがわおんせん

江戸時代開湯の湯治場。強酸性の湯で肌はすべすべに。地熱による岩盤浴が名物。

温泉宿 ♪0187-58-3000
秋田県仙北市田沢湖玉川渋黒沢
IN15:00 OUT10:00 和54、洋65
12月1日〜4月中旬 ありバス停玉川温泉から徒歩すぐ MAP付録③ B-1

B 後生掛温泉
ごしょうがけおんせん

古くから「馬で来て、足駄で帰る後生掛」と唄われた名湯。オンドル処もえぎは日帰り入浴ができる。

温泉宿 ♪0186-31-2221
秋田県鹿角市八幡平熊沢国有林内
IN15:00 OUT10:00 和16、和洋5、洋2
あり バス停アスピーテライン入口から送迎バスで10分（要予約、冬季は宿へ問い合わせ）MAP付録③ B-1

C 藤七温泉 彩雲荘
とうしちおんせんさいうんそう

標高1400mと東北一の高所に湧く温泉。野趣あふれる雲上の露天風呂に硫黄泉が注ぐ。

温泉宿 ♪090-1495-0950
岩手県八幡平市松尾寄木北の又
IN15:00 OUT10:00 和26 10月下旬〜4月下旬 ありバス停八幡平頂上から送迎バスで5分（要予約）MAP付録③ B-1

平泉・花巻・遠野

東北ではじめて世界文化遺産に登録された平泉は、
平安後期に仏教文化が開花した歴史ロマンあふれる古都。
宮沢賢治が生まれた花巻は、雄大な自然と温泉に恵まれたまち。
童話のモチーフとなった原風景を歩くのも素敵です。
カッパ伝説で知られる、民話のふるさと遠野。
どこか懐かしい風景は心に思い描く理想郷のようです。
歴史、文学、民話が息づく3つのエリア。
さてさて、どこへ行きましょう。

平泉・花巻・遠野エリアを さくっと紹介します

世界遺産の町・平泉や宮沢賢治ゆかりのスポットが点在する花巻、
日本の原風景が残る遠野と、岩手南部のまちは多彩な表情を見せてくれます。
夜は花巻温泉郷で癒やしのひとときを過ごしましょう。

旅の情報を集めましょう

まずは観光案内所へ

花巻駅の構内や平泉駅、遠野駅の近くに観光案内所があります。ここで観光情報を入手しましょう。

平泉駅前観光案内所 ☎0191-46-2110 ⏰8:30〜17:00
㊡無休 MAP80

花巻観光案内所 ☎0198-24-1931 ⏰9:00〜18:00
(10〜3月は〜17:30) ㊡無休 MAP91

旅の蔵 遠野 ☎0198-62-1333(遠野市観光協会)
⏰8:30〜17:30 ㊡無休 MAP99

アクセス概要

花巻と遠野へのアクセスの起点は花巻駅。花巻の主な観光スポットまでは、バスと徒歩で向かいます。遠野は花巻駅からJR釜石線に乗り遠野駅へ。市内をめぐる際はレンタカーの利用が便利です。平泉は一ノ関駅がアクセスの起点になります。一ノ関駅からJR東北本線に乗り換えて平泉駅へ。また、一ノ関駅前からは中尊寺方面へのバスも運行し、平泉駅前も経由します。

花巻の観光スポットをめぐるなら 「どんぐりとやまねこ号」がおすすめ

花巻市内の観光スポットをめぐる観光タクシープラン。午前・午後・一日と、3つのコースがあり、宮沢賢治記念館や南部杜氏伝承館、ワインシャトー大迫などを回ります。花巻駅と新花巻駅、花巻温泉郷のホテルや旅館から乗車可能です(乗車可能場所や行程は期間やコースにより異なります)。

☎0198-29-4522(花巻観光協会)
⏰3営業日前までに要予約 ㊡無休 ¥午前コース・午後コース各3000円、一日コース6000円

宮沢賢治の故郷で童話の世界に浸る

P.90

花巻
はなまき

宮沢賢治の童話のモチーフになった場所や世界観に触れられるスポットが充実。

上か北 10km
1/700,000

西和賀町
ほっとゆだ
湯田
和賀川
秋田自動車道
錦秋湖SA
北上市
焼石岳
奥州湖
東成瀬村
秋田県
宮城県
栗原市

一関×平泉 One day Bus Passport
平泉エリアと一関エリアの路線バスが1日乗り放題
になる乗車券1200円。バスの車内や一ノ関駅前の
バス案内所などで販売（4月中旬～11月下旬）。

懐かしい景色が
広がる民話の里

P.98
遠野
とおの

カッパをはじめ数多く
の伝承が残る里山。の
どかな風景と郷土グ
ルメを楽しんで。

黄金文化に彩られた
風情漂う町

P.80
平泉
ひらいずみ

中尊寺や毛越寺など、
貴重な世界遺産が点
在。ランチには餅料理
やそばをどうぞ。

平泉・花巻・遠野エリア／さくっと紹介します

平泉の歴史を詳しく知るのなら、観光ガイドをお願いしましょう。ガイドの情報は平泉観光協会の公式サイトで確認を。

世界文化遺産・平泉を さわやかにサイクリング

平泉駅で借りられるレンタサイクルを利用すれば、
ちょっと離れたスポット間の移動がラクラク。
歴史情緒あふれる街を、自転車で颯爽と駆け抜けましょう。

🚲 ぐるっと回って
4時間

おすすめの時間帯

平泉駅に着いたら、さっそくレンタサイクルの手続きを。自転車移動で時間短縮ができる分、定番の中尊寺、毛越寺をゆっくり観光したり、ちょっと遠い見どころにも出かけられたりします。ラクラク散策を楽しみましょう。

3 観自在王院跡
かんじざいおういんあと

地元の人々憩いの歴史公園

藤原基衡の妻が造営した寺院の遺跡。毛越寺とともに浄土庭園の典型とされている庭園は、現在は地元住民や観光客の憩いの場となっている。

公園 📞0191-46-4012
（平泉文化遺産センター）
🏠平泉町平泉志羅山地内 ⏰見学自由
🅿️なし ‖JR平泉駅から徒歩8分 MAP 80

2 毛越寺
もうつうじ

雅な浄土庭園を歩いて

慈覚大師が開山し、二代基衡から三代秀衡の時代に造営。火災で建物のほとんどは焼失したものの、現世浄土を表現した庭園は今も美しい姿を残している。

詳細はP.83へ

赤い柱が目を引く本堂。本尊は、平安時代後期作の薬師如来

毛越寺の東隣。庭園も毛越寺と同じ浄土庭園

1 スワローツアー平泉レンタサイクル
スワローツアーひらいずみレンタサイクル

平泉の街中をサイクリング

小回りが効く自転車なら、気になるスポットやお店への移動に便利。風を感じるサイクリングは、晴れの日はいっそう気持ちいい。

レンタサイクル 📞0191-46-5086
🏠平泉町平泉駅構内 ⏰9:00～17:00（11月は～16:00）🈵雨天時、1・2月。12・3月は要問合せ
🅿️なし ‖JR平泉駅北隣 MAP 80

自転車ですいすい散策。
4時間700円、1日1300円

薬師堂 卍
卍寿徳院
卍薬王院
中尊寺PA
東北自動車道
平泉スマートIC
平泉町
🅲松風庵 P.86
P.87きんいろぱん屋 🅂
🅱毛越寺 P.80・83
武蔵坊
P.80 観自在王院跡
平泉温泉
菓子工房吉野屋 P.89
🅁鈴沢
P.85駅前芭蕉館 🅁
KOZENJI Cafe P.86
陸羽街道
P.84 SATO 🅁
P.80 スワローツアー
平泉レンタサイクル
平泉駅
一ノ関駅
平泉駅前観光案内所 P.78
平泉南こ線橋
柳之御所

1

2　3　4

4 平泉文化遺産センター
ひらいずみぶんかいさんセンター

平泉文化のあらましを知る

奥州藤原氏の歴史を中心に、平泉文化の概要を紹介。貴重な出土品や解説パネル、映像で平泉の文化遺産を解説する。

資料館 ♪0191-46-4012
⌂平泉町平泉花立44
🕘9:00〜16:30 ㊡無休
¥無料 Ｐあり
‼バス停平泉文化遺産センターからすぐ **MAP** 81

奥州藤原氏と平泉の関わりをわかりやすく解説

平泉中心部MAP

金色堂 卍
白山神社 ⛩
能楽堂 P.81・82
中尊寺

Ⓢ平泉文化遺産センター P.81
　　　　　　　　　　P.89
Ⓢ中尊寺弁慶園(松栄堂)
Ⓢエーデルワイン
ワインシャトー平泉 P.87
中尊寺
平泉町
P.88
Ⓢ翁知屋
らら・いわて平泉店 遮那王 P.87
Ⓡきになるお休み処
夢乃風 P.85
Ⓢ高館義経堂 P.81
無量光院跡
柳之御所遺跡

右が北 周辺図▶
付録③ 角館・盛岡MAP
500m
1:32,000

5 中尊寺 ちゅうそんじ

黄金きらめく金色堂へ

今なお輝きを放つ金色堂をはじめ、3000点あまりの国宝や重要文化財が伝わる平安美術の宝庫。

詳細はP.82へ

平泉の文化遺産として世界遺産に登録されている

6 高館義経堂 たかだちぎけいどう

義経終焉の地に建つ

義経が妻子とともに自害したと伝わる地に建つお堂。高台には義経堂や資料館、芭蕉の句碑などが立つ。

史跡 ♪0191-46-3300
⌂平泉町柳御所14
🕘8:30〜16:30(11月5〜20日は〜16:00)
㊡11月21日〜3月14日
¥300円 Ｐあり ‼JR平泉駅から徒歩15分 **MAP** 81

義経像が祀られている

平泉：世界文化遺産・平泉をさわやかにサイクリング

毎年春と秋に開催される藤原まつり。稚児行列や郷土芸能などがにぎやかに行われる。

中尊寺へ、毛越寺へ
タイムスリップのはじまりです

金色堂の中尊寺と、浄土庭園の毛越寺。
今も貴重な歴史的木造建築や寺宝が残るふたつの名刹を訪れ
奥州藤原氏が描いた浄土世界をたどってみましょう。

平泉黄金文化のシンボル、金色堂

中尊寺 ちゅうそんじ

天台宗の東北大本山。慈覚大師が850（嘉祥3）年に開山創建した古刹で、初代清衡が前九年・後三年の合戦で亡くなった人々の霊を慰めるため多くの堂塔を造営。関山と呼ばれる小高い山に17か院の支院が建つ。

寺社 ♪0191-46-2211 ⊕平泉町平泉衣関202 ⊕8:30～17:00（11月4日～2月は～16:30）**休**無休 **¥**金色堂・讃衡蔵拝観料1000円 **P**なし **!!**バス停中尊寺からすぐ **MAP**81

1 1124（天治元）年完成の金色堂を守る覆堂 2 峯薬師堂に並ぶ「め」の絵馬 3 樹齢300年の老杉が続く月見坂 4 茶室松寿庵の抹茶と和菓子1000円

めずらしい目の御守り500円は、峯薬師堂で販売

弁慶堂の札所で買える弁慶守500円。ここぞという時の勝負運が引き出されそう

お札所をのぞいてみましょう

毛越寺の花菖蒲
大泉が池周辺のあやめ園に、300種3万株の花菖蒲が咲き誇ります。6月中旬から7月初旬には毛越寺あやめまつりが開催されます。

水と緑が織りなす
風雅な浄土庭園へ

毛越寺 もうつうじ

850（嘉祥3）年、慈覚大師が開山し、二代基衡から三代秀衡の時代に造営。全盛期には堂塔40、僧坊500もの規模を誇ったという。火災で往時の建物はほぼ焼失したが、現世浄土を表現した庭園は今も美しい姿を残し、国内に数ある浄土庭園でも随一の美しさと称えられる。

1 平安時代に書かれた庭園書『作庭記』に基づき造られた浄土庭園 2 常行堂の本尊は宝冠の阿弥陀如来 3 創建当時の姿が残る遣水 4 平安様式の本堂

寺社 📞0191-46-2331 🏠平泉町平泉大沢58 🕐8:30〜17:00（11月5日〜3月4日は〜16:30）
無休 ¥700円 Pあり ‼JR平泉駅から徒歩10分 MAP80

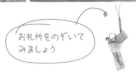

お札所をのぞいてみましょう

よいご縁を結べるようにと願った幸結びまもり700円は、山門側のお札所で販売

5月第4日曜に毛越寺で開催される曲水の宴では、浄土庭園を舞台に和歌を詠む平安絵巻が繰り広げられます。

歴史の香りただよう平泉で ほっこりごはんをいただきます

黄金文化が息づく歴史の街・平泉で食べたい料理は
地元素材をふんだんに使った和食や郷土料理。
すてきなカフェレストランもあります。

1

2

3

4

5

1山定食（ごはんとサラダ、おかずプレート付）1380円 2自家製シロップ（山ぶどう酢）550円 3海定食（ごはんとサラダ、おかずプレート付）1380円 4落ち着いた雰囲気の店内 5自家製のケーキは常時4種類揃う460円～ 6地元農家が育てる新鮮野菜がプレートを彩る

県産食材が味わえる駅近のカフェレストラン

SATO サト

アンティーク家具が配されたシンプルな店内は、落ち着いた雰囲気でくつろげる。県内の生産者から届く食材を使用した洋食メニューやケーキは、いずれも味わい深いと評判。店内で販売している、オリジナルの調味料やドレッシングなどもおみやげにおすすめ。

レストラン ☎0191-48-5011 平泉町平泉泉屋73-4
11:30～17:30（冬季は短縮営業あり。食事L.O.14:30）
休 月・火曜（祝日の場合は変更） P あり
JR平泉駅からすぐ MAP 80

6

平泉産のお米でつくったどぶろく
平泉のひとめぼれを使用した「どぶろく一音」。
米の持ち味を生かしたまろやかな甘みで評判。
道の駅平泉や町内の酒店で販売。

藤原三代お餅膳
1210円

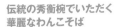

■1 平泉わんこそば2000
円。なめこやおろし、まぐろ
の山かけ筋子など多彩な
薬味でわんこを味わう
■2 冷とろろそば750円

つきたての餅を6種の味で楽しむ

夢乃風 ゆめのかぜ

平泉・一関地方に伝わる
伝統の餅料理が味わえる
人気店。100%もち米を
使用したつきたての餅を、
あんこ、ずんだ、くるみ、雑
煮など6種の味で楽しむ。

店内では持ち帰り用の餅も販売

和食 ☎0191-46-2641 🏠平泉町平泉花立11-2 🕙10:00～
18:00(閉店) 休無休 Ｐあり 🚉JR平泉駅から徒歩15分
MAP81

伝統の秀衡椀でいただく
華麗なわんこそば

駅前芭蕉館 えきまえばしょうかん

上品な艶のある秀衡塗のお
椀で味わう元祖盛り出し式
の平泉わんこそばが名物。
あらかじめ24の椀にひと
口分のそばが盛られてい
て、好みの薬味で味わうス
タイル。

そば ☎0191-46-5555 🏠平泉町平泉泉屋82
🕙10:00～15:00(そばがなくなり次第終了)
休無休(12～3月は不定休) Ｐあり 🚉JR平泉駅からすぐ MAP80

平泉／ほっこりごはんをいただきます

中尊寺門前にあるフードコート門。岩手食材をふんだんに使用したセットメニューがおすすめです。

85

散策途中にひと息ついて
じっくり味わう自然派おやつ

旅先で食べるご当地ならではのスイーツは
おいしいごはんのあとも、もちろん別腹。
ちょっと欲張ってスイーツはしごもおすすめですよ。

素材の風味が活きた手作りジェラート

2種類のブルーベリージェラートとミルクジェラートを盛りつけたブルーベリーパフェ 600円

ほくほくの小豆で味わう 白玉ぜんざい

岩手県産の小豆を使った、白玉ぜんざい500円。7～8月限定の冷たいぜんざいもおすすめ

店長が育てた無農薬ブルーベリーを使ったブルーベリージェラート360円

5種類のジェラートを盛りつける5個おまかせジェラート550円

KOZENJI Cafe
コゼンジカフェ

年間40種類も登場するジェラートのなかでも、一番人気はブルーベリー。10種類もの自家製ブルーベリーで作る粒々のジャム入りで、果実そのものを食べているような味わい。ダブル500円、シングル400円。

ジェラート ☎0191-46-3066
⌂平泉町平泉樋渡50-2 ⏰10:00～
18:00（11～3月は10:30～17:00）
㊡月曜（祝日の場合は翌日休）🅿あり
🚶平泉駅から徒歩10分 MAP80

松風庵
しょうふうあん

毛越寺の一角にある茶屋で、店頭にある毛氈の敷かれた腰掛けや赤い唐傘が和の風情を醸し出している。団子やわらび餅、ぜんざいなどの甘味が楽しめ、境内を散策したあとのひと休みに利用する人が多い。

和食 ☎0191-46-2331（毛越寺）
⌂平泉町平泉大沢58
⏰10:00～15:00
㊡不定休 🅿あり
🚶JR平泉駅から徒歩10分 MAP80

ミルキーな味わいの本格ソフトクリーム

門前ソフトクリーム350円。店名の「遮那王」は、義経の若い頃の呼び名に由来する

らら・いわて平泉店 遮那王
ららいわてひらいずみてんしゃなおう

らら・いわて店舗内のソフトクリーム店「遮那王」で味わえるのは、地元産の牛乳100%を使用したソフトクリーム。バニラともまた違うふくよかに広がる牛乳味と、口の中でスッと溶けるなめらかさが評判。

[ソフトクリーム] ☎0191-48-3637
🏠平泉町平泉衣関39 🕘9:30～17:00
🈳無休（12～3月は水曜休）🅿なし
‼バス停中尊寺からすぐ
MAP81

天然酵母100%のブリオッシュ風のあんぱん

きんいろあんぱん210円。生地をかみしめるごとに、コユキコムギの豊かな甘みを感じられる

きんいろぱん屋
きんいろぱんや

幻の小麦といわれる甘みの強い平泉産コユキコムギで、たっぷりのあんを手包みした天然酵母パン。ふんわりかつほろりとほどける食感が、クセになるおいしさ。つぶ、こしがあり、くるみ、ゴマあんは要予約。

[パン] ☎0191-48-3136
🏠平泉町平泉大沢61-5（毛越寺有料駐車場あやめ内）🕘9:00～18:00（12～3月は10:00～17:00）🈳水曜 🅿あり
‼JR平泉駅から徒歩10分 MAP80

大迫産のエーデルワインで作ったワインゼリー

ワインゼリー（3個入）653円。早池峰の冷水で仕上げた白、赤、ロゼ、3種類のゼリーがある

エーデルワインワインシャトー平泉
エーデルワインワインシャトーひらいずみ

早池峰山の麓に広がるぶどう畑で収穫されたぶどうを使ったワインを造り続けて62年。国内屈指の上質なワイン約50種類を取りそろえるエーデルワインの直売店。ワインを使ったゼリーやケーキも販売している。

[ワイン] ☎0191-34-7188 🏠平泉町平泉衣関39-1 🕘10:00～16:30 🈳無休、1～3月は火・水曜（祝日は営業）🅿なし 🚉JR平泉駅から徒歩20分 MAP80

きんいろぱん屋で人気の、弁慶のわらじ210円は、大根しょうゆ漬けとチーズが入ったユニークなパン。

日常使いしたい素敵な工芸品と みんなにくばりたい平泉みやげ

平泉の伝統工芸・秀衡塗（ひでひらぬり）がキュートなアイテムに変身。
乙女ゴコロをくすぐる逸品は大切に使い続けたいものばかり。
地元でおなじみのスイーツはおみやげにおすすめです。

デザートを楽しむお猪口

デザちょこ各10560円。白磁器に漆で描いた和風の絵柄を焼き付けている。ぐい飲みとしても

漆塗りの髪留め

溜ゆい10560円。大きなボタンくらいの円に、漆塗りが施されている。桜などが根強い人気

秀衡塗の伝統柄がワンポイント

秀衡炭黒拭き漆・弁柄拭き漆夫婦箸10560円。純金箔で秀衡文様を入れている

プレゼントにも喜ばれる品物

秀衡カップ各10560円。モダンなデザインで、日常使いできるカップ

翁知屋
おおちや

平泉文化の華やかさを伝える秀衡塗の製造元。ベーシックな椀類のほか、アクセサリーなどもそろう。

`秀衡塗` 📞0191-46-2306 🏠平泉町平泉衣関1-7
🕐9:00〜17:00 🈔水曜 🅿あり 🚌バス停花舘からすぐ
`MAP`81

翁知屋で手作り体験
職人が教えてくれるうるし塗り体験に挑戦。秀衡ストラップ4400円、コースター5500円。いずれも所要1時間〜1時間30分程度。工房で乾燥後、1〜2週間後にお届け。

平泉の伝統工芸・秀衡塗（ひでひらぬり）
藤原秀衡が京より職人を招き、特産の漆と金を
ふんだんに使用して器を作らせたのが起源と
されます。菱形を組み合わせた文様が特徴的。

100年愛され続ける銘菓

献上田むらの梅6個入り1426円。青しそでくる
んだ求肥の中はさわやかな梅餡入り

中尊寺参道の名物おやつ

弁慶餅250円。地元産のうるち米をついた餅
に、秘伝のくるみ醤油をからめた名物

一度は食べたい平泉銘菓

弁慶力餅1個115円。地元の米を使った生地の
中にクルミがたっぷり

紅玉を使った甘酸っぱいりんごパイ

りんごパイ1個320円。契約栽培の紅玉リンゴ
をサクサク生地で包んだパイ。10〜5月限定

中尊寺弁慶園（松栄堂）
ちゅうそんじべんけいえんしょうえいどう

中尊寺月見坂の茶店。
1903（明治36）年創業
の老舗の定番商品はそ
のままに、弁慶堂にち
なんだ弁慶餅も販売。

和菓子 ☎0191-48-3936 🏠平泉町平泉衣関48
🕐3月中旬〜11月、9:30〜16:30 休火・水・木曜 ₽なし
🚏バス停中尊寺から徒歩5分 MAP81

菓子工房 吉野屋
かしこうぼうよしのや

銘菓「弁慶力餅」をは
じめ、地産地消のお菓
子を販売。ゆったり広
い店内カフェスペース
でひと休みもできる。

和菓子 ☎0191-46-2410 🏠平泉町平泉泉屋81-1
🕐9:00〜17:00 休木曜（クリスマスや連休期間は営業）
₽あり 🚏JR平泉駅からすぐ MAP81

菓子工房 吉野屋のりんごパイは地元はもちろん遠方にもファンが多く、予約注文も受け付けています。

賢治が愛したイーハトーブ・花巻で あこがれの童話世界に浸る

宮沢賢治はふるさとの岩手をこよなく愛し、
思い描いた理想郷になぞらえてイーハトーブと呼びました。
彼にゆかりの深い場所を、半日でゆるりとめぐる旅はいかが。

幻想的な世界にうっとり

宮沢賢治童話村
みやざわけんじどうわむら

「賢治の学校」では、宇宙や天空など
をテーマにした部屋で童話世界を体
感できる。のんびり散策を楽しめる
山野草園や遊歩道も素敵。

テーマパーク ☎0198-31-2211
🏠花巻市高松26-19 🕐8:30〜16:30
🈲無休 ¥350円 Pあり
‼️バス停賢治記念館口下車すぐ MAP91

❶まずはメインの「賢治の学校」へ ❷童話の世界が広がるファンタジックホール ❸光と音に包まれる天空の部屋 ❹村内には可愛いオブジェが点在

童話作家の生涯に触れる

宮沢賢治記念館
みやざわけんじきねんかん

賢治の生涯について映像や資料で
解説するほか、愛用品や自筆の原稿
も展示。多方面で活躍した作家なら
ではの世界観に浸ってみて。

記念館 ☎0198-31-2319 🏠花巻市矢沢
1-1-36 🕐8:30〜16:30 🈲無休 ¥350円
Pあり ‼️バス停賢治記念館口から徒歩
10分 MAP91

❶木々に囲まれた中にある記念館 ❷賢治の心象世界をイメージした映像が映し出される ❸よだかの星のレリーフ ❹賢治が使っていたチェロ

ランチにおすすめ

「山猫軒」🗺P.93では、「イーハトーブ定食」や「山猫すいとんセット」など、賢治にまつわるメニューをいただけます。

賢治が設計した日時計花壇

ポランの広場
ポランのひろば

童話にちなんで名付けられた、林の中の広場。色とりどりの花が咲き誇る日時計花壇は、賢治がデザインした当時の設計書を再現したもの。

広場 ☎0198-31-2319（宮沢賢治記念館）
🏠花巻市矢沢 🕐見学自由 Ｐあり
🚌バス停賢治記念館口から徒歩5分
MAP 91

1賢治が設計した日時計花壇 2デザインの美しさにもうっとり
3みみずくなど動物の彫刻も 4小道に描かれた童話のモザイク画

レトロな空間でカフェタイム

林風舎
りんぷうしゃ

アンティークな雰囲気が漂う店内で、童話をモチーフにしたスイーツなどを味わえる。ショップではオリジナルグッズも販売。

喫茶 ☎0198-22-7010 🏠花巻市大通1-3-4
🕐10:00〜17:00（喫茶は〜16:20）🈺水曜不定休・木曜 Ｐあり 🚃JR花巻駅からすぐ MAP 91

1おしゃれな外観が目をひく 2ゆったりと過ごせる喫茶スペースも素敵 3選べるケーキセット1100円〜も人気 4ショップには賢治にちなんだおみやげがそろう

少し足をのばして、賢治ゆかりのスポット、イギリス海岸やめがね橋、釜淵の滝などを訪れるのもいいですね。

歴史と文化の街、花巻で
心にしみいるごはんをいただきます

きれいな水と空気、そして雄大な自然を誇る花巻。
じっくりとはぐくまれた素材を使った自慢の料理たちに
心もおなかもきっと満たされます。

繊細さがおいしい
手打ちそば処

そば房かみや
そばぼうかみや

厳選した会津産のそば粉をつなぎなしで、山の湧き水を使い手打ちするそば処。半透明に近い色合いのそばは、口に含むとほんのり甘く、繊細美味でのどごしもさわやか。そばがきなどの一品メニューもおすすめ。また、日帰り温泉「精華の湯」も併設。

そば ♪0198-27-4008
🏠花巻市台2-56-1
🕐11:00〜14:00(前日まで要予約)
🈺水・木曜 🅿あり
🍴バス停台温泉から徒歩5分
MAP付録③ B-3

1繊細で美しい天ざる1500円
2落ち着いた店内でゆっくりそばをいただける **3**どれを食べようか思わず悩んでしまうお品書き
4台温泉の山懐にたたずむ店

おすすめmenu
天ざる 1500円
箱そば(3人前盛タレ別) 2000円
そばがき 400円
そば豆腐 400円

白金豚って？
安心安全な飼料と奥羽山脈の地下水を利用したミネラル水で育てたブランドポーク。しっとりした舌ざわりと甘みのある脂身が特徴。

白金豚生産農場の直営レストラン

レストランポパイ

今話題のブランド豚・白金豚を存分に味わえる「いわて地産地消レストラン」認定店。予約なしでも楽しめるコースが好評。小麦の味が生かされた自家製パンやスイーツも充実している。

レストラン ☎0198-23-4977 🏠花巻市若葉町3-11-17 🕐11:00〜14:30、17:00〜19:30) 休火曜 🅿あり ‼JR花巻駅から車で5分 MAP91

おすすめmenu
白金豚のしょうが焼き　1010円
白金豚のポークソテー　1210円
ポパイライスバーグ(150g)　820円

花巻名物白金豚はもちろん、新鮮な旬の野菜も味わえる

自家製粉にこだわるそば処

なめとこ山庵 なめとこやまあん

宮沢賢治記念館入口の真向かいにある古民家風の一軒家。自家製粉の新鮮なそば粉で毎朝必要な分だけ打ったそばは、香りの高さが特徴。つなぎを使わずに打つそばはコシが強く、一度食べたら忘れられないほど力強い味わい。

そば ☎0198-31-2271 🏠花巻市高松26-26-43 🕐11:00〜14:30(売切れ次第終了) 休水・水曜(不定休) 🅿あり ‼バス停賢治記念館口からすぐ MAP91

おすすめmenu
辛味大根そば　900円
自家製納豆おろしそば　1000円

納豆おろし蕎麦(冷) 1100円

「注文の多い料理店」へ行こう

山猫軒 やまねこけん

宮沢賢治の代表作「注文の多い料理店」をイメージしたレストラン。花巻の食材を生かしたイーハトーブ定食や山猫すいとんセットなどが人気のメニュー。売店も併設していて、宮沢賢治グッズや花巻みやげがそろっている。

郷土料理 ☎0198-31-2231 🏠花巻市矢沢3-161-33 🕐9:00〜17:00(食事は10:00〜16:00) 休無休 🅿あり ‼バス停賢治記念館口から徒歩10分 MAP91

おすすめmenu
ほろほろチキンカツ定食　1700円
でくのぼう(餅)　750円

岩手の郷土料理が楽しめる山猫すいとんセット1600円

「そば房かみや」の隣にある「精華の湯」(☎0198-27-2426)は日帰り専用の温泉として人気です。 MAP付録③ B-3

花巻／花巻でごはんをいただきます

花巻南温泉峡の湯宿でのんびり
ココロもカラダも癒されます

ゆったりとした時間が流れる豊沢川の畔に
個性あふれる名湯がたたずむ花巻南温泉峡。
マイナスイオンたっぷりの温泉で癒されてみませんか。

14月下旬から11月上旬に窓ガラスが開かれる半露天風呂の「豊沢の湯」 **2**名物の混浴露天風呂「大沢の湯」 **3**旬の山海の幸をいただくお膳料理

宮沢賢治も愛した湯めぐりの宿

大沢温泉 山水閣　おおさわおんせんさんすいかく

昔ながらの風情を残す懐かしい雰囲気の宿。豊沢川にせり出すようにしつらえられた岩風呂は、緑を目前にしながら浸かることができる。隣接する自炊部湯治屋の名物混浴露天風呂（女性専用時間あり）も利用でき、館内で5つの湯めぐりを楽しめる。また宿泊者専用の貸切家族風呂も好評。温泉で肌を潤したあとは、旬の素材をいただくお膳料理で至福のひとときを過ごして。

♪0198-25-2021 合花巻市湯口大沢181 ⏱IN15:00 OUT10:30 🛏和48、洋2、和洋2、その他5 ¥1泊2食付平日17750円〜、休前日19950円〜 Pあり 🚌バス停大沢温泉からすぐ MAP付録③B-3 ●送迎あり（宿泊者限定／要問い合わせ）●露天風呂あり

宿泊プラン

前沢牛プラン
1泊2食付平日22700円〜
休前日25450円〜
岩手のブランド牛前沢牛をメインに、季節の旬の食材を取り入れた料理を堪能できるプラン。

自然風景を眺めゆったり

昔ギャラリー「茅」を鑑賞

広い内風呂でのんびりと

旬の味をいただきます

大沢の湯の女性タイムは20〜21時

宮沢賢治も訪れた湯治場
大沢温泉を代表する露天風呂「大沢の湯」が
ある湯治場。売店や食堂、炊事場もあり、布団
や浴衣の貸し出しも行なっていますよ。

3つの豊富な源泉、17の多彩な浴槽が魅力

新鉛温泉 結びの宿 愛隣館
しんなまりおんせんむすびのやどあいりんかん

源泉100%掛け流しの陶器風呂やヒーリング効果のシルクバス、名物の立湯露天風呂、貸切風呂などバラエティ豊かな浴室があり、湯めぐりを楽しめる。岩盤浴でリラックスした後は、植物から抽出した精油をたっぷり使ったアロマエステで至福タイムを。

♪0198-25-2619 ⛩花巻市鉛西鉛23 ⏰IN15:00 OUT10:00 🛏和91、洋7、和洋1、露天風呂付特別室1、S4、T3 ¥1泊2食付平日16650円〜 休前日23250円〜 🅿あり 🚌バス停新鉛温泉からすぐ MAP付録③B-3 ●送迎あり(宿泊者限定/要予約) ●露天風呂あり ●日帰り入浴10:00〜12:30、14:00〜18:00、(除外日要問い合わせ)1200円

旬のごちそうに舌つづみ

宿泊プラン
女子旅で温泉満喫♪欲張りプラン
1泊2食付平日25450円〜
休前日32050円〜
女性だけの特別プランでは、選べるエステ・マッサージと岩盤浴のほか、選べる浴衣のサービスも付いている。

①豊沢川からの自然の風が吹き抜ける「川の湯」の岩露天風呂 ②贅沢な気分を味わうことができる陶器風呂 ③心も体もほぐしてくれるアロマエステ

大自然に抱かれた豊かな湯でのんびりと過ごす

渡り温泉 別邸楓 わたりおんせんべっていかえで

名物の露天風呂は、湯舟から庭園を望む開放的で風情ある湯。敷き詰められた翡翠が幻想的な輝きを放つ「美里の湯」は心も体も癒してくれる。海の幸と山の幸が彩り豊かに並ぶ夕膳も楽しみのひとつ。

宿泊プラン
お部屋に入ったときから非日常♪ モダンなダイニングでお食事を愉しむプラン
1泊2食付平日15400円〜
休前日17600円〜
和モダンをコンセプトにした別邸楓では、日常を離れ、ゆったりした時間を過ごすことができる。

♪0198-25-2110 ⛩花巻市湯口佐野21-8 ⏰IN15:00 OUT 11:00 🛏和35、和洋6、和モダン4 ¥1泊2食付平日15400円〜、休前日17600円〜 🅿あり 🚌バス停渡りからすぐ MAP付録③B-3 ●送迎あり(要問い合わせ) ●露天風呂あり

ライトアップされた庭園を眺め夕膳を

①翡翠が総張りになっている「美里の湯」②近郊の食材にこだわったお膳 ③純和風の中にもモダンな雰囲気を併せ持つ客室「和モダン」

豊沢川の上流にある豊沢ダム湖畔は風光明媚。ぜひ訪れてみて。

一度は泊まってみたい
花巻・平泉の宿

気品あふれる和風モダンな宿で過ごす贅沢な休日。
旅人の心と体をそっと包み込む、至福のひととき。
特別な日や自分へのご褒美におすすめです。

1 和室から望む庭園、その向こうには
豊沢川が流れる
2 時間が静かに流れるロビー
3 6畳の和室は、独特の落ち着いた
空間が広がる

ゆったり時間と空間に浸る贅沢

游泉志だて ‖花巻・志戸平温泉‖ ゆうせんしだて

"湯にひたり、時にひたる。大
人の休日を過ごす、大人のため
のリゾート旅館"がコンセプト。
全客室に露天風呂が付いてい
て、特別なプライベート空間を
演出してくれる。

📞0198-25-3939
🏠花巻市湯口志戸平11-2
🕐IN15:00 OUT11:30 🛏和洋26
💰1泊2食付35350円〜 🅿あり
🍴バス停志戸平温泉からすぐ(JR新
花巻駅、JR花巻駅などから無料シャ
トルバスあり要確認) MAP付録③ B-3

部屋付きの岩露天風呂

> **泉質の良さで知られる台温泉**
>
> 10か所以上から源泉が湧く。古くから湯治客に親しまれてきた名湯には、日帰り入浴可能な温泉施設も多く、気軽に温泉が楽しめます。

123半露天風呂付特別室。オリエンタルな雰囲気でベッドルームもゆったり

さながら大人のための隠れ家
やまゆりの宿 ‖花巻・台温泉‖ やまゆりのやど

館内いたるところに季節の花々や野山の緑、和洋のアンティークを飾るなど、彩り豊か。かじかの湯、寿の湯はともに自噴の源泉。掛け流しで絶えず新鮮なお湯があふれている。リラクゼーションルームもうれしい。

宿泊プラン
いろり会席プラン
1泊2食付20500円～
夕食・朝食ともにいろり炭火を使ったプラン。岩魚の塩焼きや豆腐田楽などのいろり料理を味わえる。

☎0198-27-2055
🏠花巻市台2-57-9 🕐IN15:00 OUT11:00 🛏和8、和洋6 ¥1泊2食付20500円～ Pあり 🚌バス停台温泉から徒歩5分 MAP付録③ B-3

日差しのなかで楽しめる露天風呂

古都の奥にある小さな湯宿
奥州平泉温泉そば庵しづか亭
‖平泉‖ おうしゅうひらいずみおんせんそばあんしづかてい

閑静な山里にぽつんとたたずむ赤い暖簾が目印の小さな湯宿は、良質な湯でじっくりくつろげると評判。料理宿としても知られ、旬の野菜を使った田舎懐石や極上の前沢牛を味わうプランが人気。

宿泊プラン
トロける極上黒毛和牛と平温泉を堪能!静かな宿で寛ぎの時プラン
1泊2食付18480円～
奥州の産地直送黒毛和牛を堪能できる。

さらりとやわらかい掛け流しの湯

☎0191-34-2211
🏠平泉町平泉長倉10-5 🕐IN15:00 OUT10:00 🛏和9、洋1 ¥1泊2食付12430円～ Pあり 🚌JR平泉駅から車で15分（JR平泉駅から送迎バスあり 要予約） MAP付録③ B-4

贅沢感に満ちた田舎懐石料理

花巻・平泉／一度は泊まってみたい花巻・平泉の宿

「游泉志だて」のダイニングでは地酒や地ワイン、地ビールなどが楽しめます。

なつかしい自然風景が残る
民話の里・遠野をたずねて

日本の原風景を今もそのまま伝える遠野には、
民話や伝説にまつわる神秘的なスポットが点在しています。
ちょっぴり不思議な世界に迷い込んでみませんか。

1 赤い布で彩られた小さな祠に願いを込めて。卯子酉様 2 姥捨て伝説の地として有名なデンデラ野 3 木立に覆われた静かな小川は、今にもカッパが現れそうな雰囲気 4 一木彫の観音像など見どころの多い福泉寺も近くにある 5 五百羅漢のある森 6 遠野ふるさと村。初夏にはそばの花が咲き乱れる 7 伝統的なわら細工・馬っこをつくるのも楽しい

古きよき遠野の村を再現
遠野ふるさと村
とおのふるさとむら

広大な敷地内に、曲り家や田んぼ、水車小屋などの民話的世界が広がる。わら細工やけいらんづくりなどの体験プログラムも人気。

〔体験施設〕 **☎**0198-64-2300 **⌂**遠野市附馬牛町上附馬牛5-89-1 **⏰**9:00〜16:00(11〜2月は〜15:00) **㊡**1〜3月中旬は水曜 **P**あり **!!**バス停ふるさと村からすぐ MAP 99

6棟の曲り家はどれも実際に使われていたもの

弁慶伝説の巨石遺構
続石
つづきいし

自然石の上に巨石がのった不思議な光景を間近で見ることができる。弁慶が積み上げたという伝説もあり、信仰の場として有名。

〔遺構〕 **☎**0198-62-1333(遠野市観光協会) **⌂**遠野市綾織町上綾織 **⏰**見学自由 **P**あり **!!**バス停続石から徒歩15分 MAP 99

さまざまな説がささやかれる石

遠野MAP

花巻市

上が北
周辺図●
付録③角館・盛岡MAP
1:400,000

遠野市

石上山▲

P.103山崎のコンセイサマ
P.99遠野ふるさと村
P.102古道跡・早池峰古道
P.99・103カッパ淵
P.103常堅寺
P.99高清水展望台
P.78・102旅の蔵 遠野
P.99続石
P.103山口の水車
P.102キツネの関所
P.99五百羅漢
P.99卯子酉様
P.102さすらい地蔵
ばんがり・伊藤家店
P.100
P.101じんぎすかんあんべ
P.101まるまん じんぎす館
P.100遠野醸造TAPROOM

デンデラ野

めがね橋

いわてふつかまち

釜石線

北上自動車道

釜石自動車道

遠野駅

遠野住田IC

今にもカッパが出現しそう
カッパ淵
カッパぶち

常堅寺の裏手をゆったりと流れる小川にある有名な淵。畔には乳神様を祀る小さな祠が建っている。常堅寺の境内にはカッパ狛犬も。

〔淵〕 **☎**0198-62-1333(遠野市観光協会) **⌂**遠野市土淵町土淵 **⏰**見学自由 **P**あり **!!**バス停伝承園から徒歩5分 MAP 99

縁結び信仰の古社
卯子酉様
うねどりさま

『遠野物語拾遺』にも登場する、古くから信仰の厚い神社。赤い布を祠に左手だけで結ぶと、恋が成就するという伝説もあるとか。

〔神社〕 **☎**0198-62-1333(遠野市観光協会) **⌂**遠野市下組町 **⏰**見学自由 **P**あり **!!**バス停遠野営業所からすぐ MAP 99

自然石に彫られた供養塔
五百羅漢
ごひゃくらかん

江戸時代に遠野を襲った大飢饉の犠牲者を供養するため、大慈寺の義山和尚が彫った500体の羅漢像が並んでいる。

〔石像〕 **☎**0198-62-1333(遠野市観光協会) **⌂**遠野市綾織町新里 **⏰**見学自由 **P**あり **!!**バス停遠野営業所から徒歩20分 MAP 99

苔むした石仏が立ち並ぶ

『遠野物語』(柳田國男)を読んでから訪れると、より楽しめますよ。

遠野のグルメが気になります
ビールにそばにジンギスカン

旅先で味わいたいのはその土地ならではのグルメ。
素朴な遠野らしい伝統のそばはもちろん
クラフトビールやジンギスカンなど遠野はおいしいものが目白押しです。

クラフトビール

遠野の味覚が詰まったビール

遠野醸造TAPROOM とおのじょうぞうタップルーム

遠野のホップやりんごなどを
使ったクラフトビールがそろ
うブルーパブ。自家製燻製ナ
ッツやラム肉のたたきといっ
たタパスと、出来立てビールの
マリアージュを楽しめる。

元酒屋の建物をリノベーション

ブルーパブ ☎0198-66-3990
🏠遠野市中央通り10-15 🕐17:00
～22:00、土曜、祝日は12:00～
22:00日曜は12:00～21:00
休火曜 Pなし ♨JR遠野駅から
徒歩3分 MAP 99

おすすめmenu
サンクスセゾン(M) 650円
松崎町ベリーエール(M) 700円
至福のフィッシュ&チップス 1350円

暮坪かぶそば

暮坪かぶと味わうそば

ばんがり・伊藤家店 ばんがりいとうけてん

「とおの物語の館」内にある。
地元産そばの実を石臼で自
家製粉したそばを味わえる。
暮坪かぶを薬味に使い、風
味の良いつゆで食べる「暮
坪ざる」(期間限定)が人気。

江戸時代の古民家を移築

そば ☎0198-60-1110 🏠遠野市中央通
り2-11 🕐10:30～19:00※そばがなくなり
次第終了 休火曜 Pあり ♨JR遠野駅から
徒歩5分 MAP 99

おすすめmenu
ざるそば 680円
とってもAセット 1330円(暮坪かぶつき+200円)
ひつこそば 1380円

ジンギスカンは遠野の日常食
遠野では一家に1セット、自宅用のジンギスカンセット（鍋と台になるバケツ）があるとか。遠野のホームセンターにあるので探してみては。

秘伝のタレで食せば感激
じんぎすかんあんべ

今や遠野名物といえばジンギスカン。この店はそのさきがけとなった老舗。専用の鍋で焼いた羊肉は余分な脂分が抜け、ヘルシーに味わえる。また、開店当初の味を守り続けている醤油ベースのピリ辛ダレも人気。

2023年10月にリニューアル

焼肉 ☎0198-62-4077 🏠遠野市早瀬町2-4-12 ⏰11:00～18:00 休木曜 Pあり 🍴JR遠野駅から車で5分 MAP 99

> おすすめmenu
> あんべ食べ比べセット（単品）1730円
> ラムカタロース（単品）1080円
> じんぎすかん定食 1380円～

遠野ジンギスカン

右上：遠野／遠野のグルメが気になります

アットホームなジンギスカン専門店
まるまん じんぎす館 まるまんじんぎすかん

家庭的な雰囲気のジンギスカン専門店。手作業でラムの筋や脂身を取り除いているため、やわらかくクセが少ない。ジンギスカンを堪能したあとのシメは、冷麺がおすすめ。

「とおの物語の館」など観光地に近いのもうれしい

焼肉 ☎0198-60-1185 🏠遠野市中央通り1-8 ⏰11:30～14:00、17:00～22:00 休火曜（祝日の場合は営業）Pなし 🍴JR遠野駅から徒歩5分 MAP 99

> おすすめmenu
> ジンギスカンにぎやかセット 1600円
> ジンギスカンシンプルセット 1300円
> 冷麺 700円

遠野ジンギスカン元祖の店じんぎすかんあんべでは、ジンギスカン鍋の販売もしています。

ここは妖怪のふるさと遠野
ちょっとふしぎな風景を探しましょう

キツネが人を化かしたというキツネの関所や
妖怪がすむというカッパ淵など伝承の地をめぐりましょう。
民話の里のノスタルジックな雰囲気に浸れますよ。

カッパ捕獲許可証1枚220円。
旅の蔵 遠野のほか遠野ふるさと村⇨P.99などで販売

4 古道跡・早池峰古道

伝承園のそばにある古びた鳥居。その昔、霊山・早池峰山への参道だった名残です MAP 99

遠野駅前交番

1 旅の蔵 遠野

遠野駅の向かいにあり、自転車のレンタルもしています。遠野の旅はここからスタート ⇨P.78

駅前にも
カッパがいます

さすらい地蔵 2

白幡神社境内にある女の地蔵様。若い男たちと遊び歩くのが好きという変わった地蔵様です MAP 99

3 キツネの関所

看板には、キツネが美女になって人をだました話が記載されています MAP 99

遠野市 モデルコース

盛岡

桃石

花巻駅

光明寺の種蒔桜

396

綾織駅

釜石線

283

猿ヶ石川

花巻

駒形神社

釜石自動車道

羽黒岩

遠野バイパス

遠野風の丘

遠野IC

愛宕神社

卯子酉様

五百羅漢

程洞コンセイサマ

村兵稲荷
阿曽沼公屋代石碑
清心尼公碑

太郎カッパ

法華題目の碑

早瀬川

遠野駅

旅の蔵 遠野
市民センター
鍋倉城跡
多賀神社
旧村兵商家

遠野市役所

遠野川井所

さすらい地蔵

283

釜石駅

釜石

横田城跡

サムトの婆

キツネの関所

遠野郷八幡宮

340

母也明神

松崎観音堂
凱旋の碑

猿ヶ石川

西教寺

遠野ふるさと村

妻の神の石碑
山崎のコンセイサマ
福泉寺
角助の墓

早池峰古道
伝承園
古道跡
遠野かっぱロード

常堅寺
カッパ淵

川井

小烏瀬川

大槌街道跡

デンデラ野
佐々木喜善の生家

ダンノハナ

山口の水車

遠野の物語を訪ねるコース
(約27km・自転車で4時間)
遠野物語に関わる場所が多い。
地図を片手にのんびり進むコース。

遠野の歴史を訪ねるコース
(約21.5km・自転車で3時間)
約400年間、遠野郷の中心地として栄えた所。
落ち着いた風情のコース。

遠野の奇岩と石碑を訪ねるコース
(約27.5km・自転車で4時間)
「街なかの鎮守の森」を探訪し、
五百羅漢や続石へと続くロマンチックコース。

5 常堅寺
カッパ淵の入口にある寺。カッパ狛犬があることで知られています MAP99

6 カッパ淵
常堅寺の裏手を流れる小川の淵で、イタズラ好きなカッパが棲むといわれています。乳神を祀った祠があり願をかけるとお乳の出がよくなるとの言い伝えも ☞P.99

8 山崎のコンセイサマ
『遠野物語』にも登場する子宝や豊作にご利益があるといわれる神様。また女性の腰痛にも効きめがあると伝えられています MAP99

7 山口の水車
今ではほとんど見ることができなくなった水車も、ここでは健在。付近の人たちが利用しています MAP99

カッパ淵では運がよければ「カッパおじさん」に出会えます。カッパのこと、いろいろ教えてくれますよ。

遠野／ちょっとふしぎな遠野の風景

角館・盛岡へ東京からは新幹線で一直線
札幌・名古屋・大阪からは飛行機が便利です

新幹線なら「こまち」「はやぶさ」で。
飛行機なら秋田空港か、花巻空港へ。
それぞれあとはJRかバス、レンタカーが便利です。

各地から角館・盛岡へ

角館へは盛岡経由の新幹線「こまち」がもっとも便利。毎時1本、運行されています。また羽田、伊丹、中部、新千歳などの空港から秋田空港を経由して行くこともできます。

盛岡へは新幹線「こまち」「はやぶさ」が定番。花巻空港へは新千歳、小牧、伊丹から。空港から盛岡へは、バスやタクシーを利用します。

> **お得なプランを探してみましょう**
> 目的地までは寄り道せず、同じルートを往復するなら、2名以上から利用できる旅行会社のお得なプランを探すのもひとつの手です。フリープラン型のツアーは、目的地までの往復交通費と、宿泊費のみをセットにしたプラン。個人で手配するよりも料金ははるかにお得です。ネットで調べてみましょう。

	どこから	なにで?	ルート	所要	料金
盛岡へ	東京から	🚄	**東京駅**→新幹線こまち・はやぶさ→**盛岡駅**	2時間10～55分	15010円
	仙台から	🚄	**仙台駅**→新幹線こまち・はやぶさ→**盛岡駅**	40分～1時間15分	6790円
	札幌から	✈	**新千歳空港**→JAL→**花巻空港**→空港連絡バス→**盛岡駅**	1時間55分	34100円
	名古屋から	✈	**小牧空港**→FDA→**花巻空港**→空港連絡バス→**盛岡駅**	2時間10分	40200円
	大阪から	✈	**伊丹空港**→JAL→**花巻空港**→空港連絡バス→**盛岡駅**	2時間20～25分	46830円
角館へ	東京から	🚄	**東京駅**→新幹線こまち→**角館駅**	3時間～3時間10分	17020円
	仙台から	🚄	**仙台駅**→新幹線こまち→**角館駅**	1時間25分～2時間5分	9020円
	札幌から	✈	**新千歳空港**→ANA→**秋田空港**→乗合タクシー「秋田エアポートライナー」→**角館駅**	2時間15分	36270円
	名古屋から	✈	**中部空港**→ORC→**秋田空港**→乗合タクシー「秋田エアポートライナー」→**角館駅**	3時間5分	37440円
	大阪から	✈	**伊丹空港**→JAL・ANA→**秋田空港**→乗合タクシー「秋田エアポートライナー」→**角館駅**	2時間35分～4時間20分	47410円（JAL）

※飛行機は、ほかに羽田空港(東京)～秋田空港(JAL・ANA)と丘珠空港～秋田空港(JAL)、福岡空港～花巻空港(JAL)、神戸空港～花巻空港(FDA)などがあります。
※神戸～花巻と福岡～花巻への飛行機は、それぞれ1日1便です。
※「秋田エアポートライナー」は前日の正午までに予約が必要です。

> 🚃 **JR北海道・東日本** 北海道&東日本バス
> 指定範囲内の鉄道(JRおよび一部の私鉄)快速・普通列車の普通車自由席に乗り放題。北東北を含むJR東日本・北海道エリアが乗り放題。11330円(利用可能期間内で連続する7日間有効)。例年春期・夏期・冬期限定発売。

空港のホームページもチェック♪
秋田空港 [HP] https://www.akita-airport.com/
いわて花巻空港
[HP] https://www.hna-terminal.co.jp/

問い合わせ先

鉄道
JR東日本お問い合わせセンター
・・・・・・・・・・・・・📞050-2016-1600

飛行機
JAL（日本航空）
・・・・・・・・・・・・・📞0570-025-071
ANA（全日空）
・・・・・・・・・・・・・📞0570-029-222
FDA（フジドリームエアラインズ）
・・・・・・・・・・・・・📞0570-55-0489
ORC（オリエンタルエアブリッジ）
・・・・・・・・・・・・・📞0570-064-380

バス
花巻空港連絡バス
（岩手県交通）・・・📞019-654-2141

乗合タクシー
秋田エアポートライナー（角館方面）
・・・・・・・・・・・・・📞018-867-7444

ことりっぷおすすめ
使えるサイト

LCCjp
LCCを含む国内航空路線が検索できる
https://dsk.ne.jp/

駅探
飛行機や鉄道の時刻・運賃が検索できる
https://ekitan.com/

札幌

新青森
角館　盛岡
仙台
東京
名古屋
岡山　京都
広島　大阪（新大阪）
福岡（博多）
鹿児島中央

飛行機の割引運賃を活用しましょう

航空会社によっては往復で購入したり、早期の予約や特定の便を利用することで割引運賃が適用されます。すっかり定着した割引運賃制度をうまく活用して、お得な空の旅を楽しみましょう。

※データは2024年2月現在のものです。
JRそのほかの交通機関は、通常期の主要手段（普通車指定席など）とその片道料金・普通運賃（JALはクレックス普通タイプB運賃、ANAはFLEX D運賃）の合計額（飛行機は旅客施設利用料を含む）で、始発〜終着相互間のものです。所要時間は目安です。

花巻空港とJR東北本線の花巻空港駅は約4km離れていますが、盛岡駅行きのリムジンバスが花巻空港駅を経由します。

角館・平泉・花巻など複数のエリアをめぐるなら、盛岡を拠点にすると動きやすいです

このエリアの移動は、盛岡を中心として、
東北新幹線・秋田新幹線を軸に移動することになります。
角館・盛岡以外の町や観光スポットへは、レンタカーの利用が効率的です。

盛岡から各エリアへ

JRとバスを利用して行けますが、最寄駅からはタクシーを利用する
方が便利なことも多いです。盛岡駅周辺はレンタカー会社も充実し
ているので気軽に使えます。

どこへ	なにで?	ルート	所要	料金
角館へ	新幹線	盛岡駅→新幹線こまち→角館駅	50分	2830円
田沢湖へ	新幹線	盛岡駅→新幹線こまち→田沢湖駅	35分	2060円
乳頭温泉郷へ	新幹線	盛岡駅→新幹線こまち→田沢湖駅→羽後交通バス→乳頭蟹場温泉	1時間35〜50分	2900円
小岩井へ	バス	盛岡駅東口→岩手県交通バス（冬季運休）→小岩井農場まきば園	30分	710円
安比高原へ	バス	盛岡駅西口→岩手県北バス→ANAクラウンプラザ（運行日要確認）	45分	1150円
八幡平へ	バス	盛岡駅東口→岩手県北バス→松尾鉱山資料館	1時間40分	960〜1080円
平泉へ	鉄道	盛岡駅→JR東北本線→平泉駅	1時間25分	1520円
花巻へ	鉄道	盛岡駅→JR東北本線→花巻駅	30〜40分	680円
花巻温泉郷へ	鉄道	盛岡駅→JR東北本線→花巻駅→岩手県交通バス→新鉛温泉	1時間10〜45分	1460円
遠野へ	鉄道	盛岡駅→JR東北本線→花巻駅→JR釜石線→遠野駅	1時間25分〜2時間20分	1520円

角館から各エリアへ

新幹線やJR田沢湖線が運行されています。田沢湖や乳頭温泉郷へ
はバスを利用。自由自在に動くならレンタカーがおすすめです。

どこへ	なにで?	ルート	所要	料金
盛岡へ	新幹線	角館駅→新幹線こまち→盛岡駅	50分	2830円
田沢湖へ	新幹線	角館駅→新幹線こまち→田沢湖駅	15分	1620円
乳頭温泉郷へ	新幹線	角館駅→新幹線こまち→田沢湖駅→羽後交通バス→乳頭蟹場温泉	1時間10〜35分	2460円

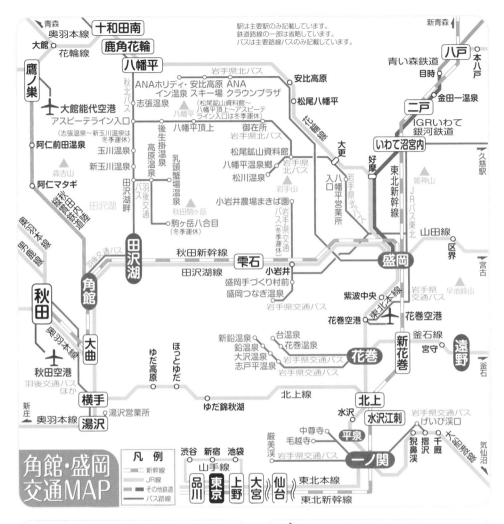

角館・盛岡
交通MAP

凡例
━━ 新幹線
━━ JR線
━━ その他鉄道
━━ バス路線

渋谷 新宿 池袋
山手線
品川 東京 上野 大宮 仙台
東北本線
東北新幹線

時刻や料金などの問い合わせ

●鉄道
JR東日本お問い合わせセンター　📞050-2016-1600
●バス
羽後交通（田沢湖周辺）　📞0187-43-1511
岩手県交通（インフォメーションセンター）　📞019-654-2141
岩手県交通（花巻周辺）　📞0198-23-1020
岩手県北バス（本社インフォメーション）　📞019-641-1212
秋北バス（八幡平周辺）　📞0186-23-2183

こんなきっぷもあります

盛岡を中心に雫石・平泉・花巻・遠野を含むエリアの
JRの普通列車（快速を含む）が、土・日曜、祝日とGW・
夏休み・年末年始の特定期間中、2500円で1日乗り降り
自由になる、いわてホリデーパスというきっぷがありま
す。盛岡から田沢湖や角館まで行くには、雫石からの別
途運賃が必要ですが、のんびり汽車旅したい人にはおす
すめです。

🅳 みどころ　🆁 レストラン　🅲 カフェ　🆂 ショップ　🅷 ホテル　♨ 温泉

Ⓢ みどころ　Ⓡ レストラン　Ⓒ カフェ　Ⓢ ショップ　Ⓗ ホテル　ⓔ 温泉

ことりっぷ co-Trip

角館・盛岡
平泉・花巻・遠野

STAFF
●編集
ことりっぷ編集部
シュープレス
●取材・執筆
シュープレス(板元義和、加藤利香、川越みのり)
星真知子
アイドマ編集室(外岡実)
●撮影
シュープレス
●表紙デザイン
GRiD
●フォーマットデザイン
GRiD
●キャラクターイラスト
スズキトモコ
●イラスト
スズキトモコ
●本文デザイン
GRiD
●DTP制作
明昌堂
●地図制作協力
エムズワークス
●校正
田川企画
●協力
中尊寺、毛越寺
関係各市町観光課・観光協会
関係諸施設

2024年5月1日　4版1刷発行

発行人　川村哲也
発行所　昭文社
本社：〒102-8238 東京都千代田区麹町3-1
♪0570-002060(ナビダイヤル)
IP電話などをご利用の場合は♪03-3556-8132
※平日9:00〜17:00(年末年始、弊社休業日を除く)

ホームページ:https://sp-mapple.jp/

●掲載データは、2024年1〜2月の時点のものです。変更される場合がありますので、ご利用の際は事前にご確認ください。消費税の見直しにより各種料金が変更される可能性があります。なお、感染症に対する各施設の対応・対策により、営業日や営業時間、開業予定日、公共交通機関に変更が生じる可能性があります。おでかけになる際は、あらかじめ各イベントや施設の公式ホームページ、また各自治体のホームページなどで最新の情報をご確認ください。また、本書に掲載された内容により生じたトラブルや損害等については、弊社では補償いたしかねますので、あらかじめご了承のうえ、ご利用ください。
●電話番号は、各施設の問合せ用番号のため、現地の番号ではない場合があります。カーナビ等での位置検索では、実際とは異なる場所を示す場合がありますので、ご注意ください。
●料金について、入場料などは、大人料金を基本にしています。
●開館時間・営業時間は、入館締切までの時刻、またはラストオーダーまでの時刻を基本にしています。
●休業日については、定休日のみを表示し、臨時休業、お盆や年末年始の休みは除いています。
●宿泊料金は、基本、オフシーズンの平日に客室を2名1室で利用した場合の1人あたりの料金から表示しています。ただし、ホテルによっては1部屋の室料を表示しているところもあります。
●交通は、主要手段と目安の所要時間を表示しています。ICカード利用時には運賃・料金が異なる場合があります。
●本書掲載の地図について
測量法に基づく国土地理院長承認(使用)
R 5JHs 14-156143　R 5JHs 15-156143
R 5JHs 16-156143　R 5JHs 17-156143
R 5JHs 18-156143